Mon grand livre

D'ÉQUITATION

Ute Ochsenbauer

CHANTECLER

Sommaire

Contact et soins

L'équitation, c'est comme une conversation réussie. Il faut prendre son temps à chacune des étapes : saluer le poney, se familiariser avec le licol, mener le poney à la longe et le panser.

L'équitation est un art. Avec de l'entraînement, le cheval obéit facilement à son cavalier. Comme nous le montrent ceux qui murmurent à l'oreille des chevaux, le cheval doit se sentir libre.

Ensuite, on apprend à attacher le cheval et à le panser. Les chevaux ne sont pas tous calmes. Mais ils peuvent tous apprendre à se détendre. Un cheval détendu s'entend bien avec son cavalier. Il peut apprendre facilement et se laisse monter sans rechigner.

Reste d'abord à quelques mètres pour que ton poney ou ton cheval ait le temps de s'habituer à ta présence.

Laisse-le brouter tranquillement avant de venir le brider. S'il est nerveux ou peu motivé, il te tournera peut-être le dos ou s'éloignera en courant.

Au pré

L'homme et le cheval sont des êtres très différents. L'un marche sur deux jambes, l'autre sur quatre. L'un mange des spaghettis à la sauce bolognaise et des sandwiches au fromage, tandis que l'autre est végétarien et mange de l'herbe fraîche et des pommes.

Les hommes sont des chasseurs et les chevaux des proies. Les hommes savent lire, faire du vélo, jouer de la musique ou se servir d'un téléphone portable. Ils pleurent lorsqu'ils ont de la peine et rient lorsqu'ils sont heureux. Les chevaux ont une autre forme d'intelligence. Bien sûr ils ont aussi des sentiments, et ils les montrent.

Les chevaux peuvent sentir l'odeur de l'eau à 2 kilomètres et savoir à l'avance si le temps va changer. Ils comprennent le mouvement d'oreille d'un congénère qui les invite à rester en alerte. Leur odorat leur permet de reconnaître la peur, la douleur et la joie. L'homme et le cheval sont tous deux des mammifères et ont besoin de compagnie pour se sentir en sécurité.

Comment vas-tu ?

À chaque fois que tu montes sur ton cheval, ton humeur est différente. Tu peux être joyeux ou maussade, malade ou préoccupé. Avec ton cheval, tu dois oublier tout cela et te sentir détendu. Tu vas passer un après-midi avec lui et cela doit te mettre de bonne humeur.

Le cheval aussi n'a pas tous les jours la même humeur. Celle-ci dépend de la façon dont s'est déroulée sa journée jusque-là.

A-t-il des amis ? Est-il bien traité ? Dispose-t-il d'assez de liberté ? A-t-il une nourriture variée, suffisamment de temps libre, de place et de

▲ Laisse-le renifler amicalement ta main. S'il est seul dans le pré, lui donner une friandise en le saluant est une excellente idée.

▼ Bride ton cheval ou ton poney pour quitter le pré. Tiens fermement la longe des deux mains, sans l'enrouler autour d'une main.

Licol

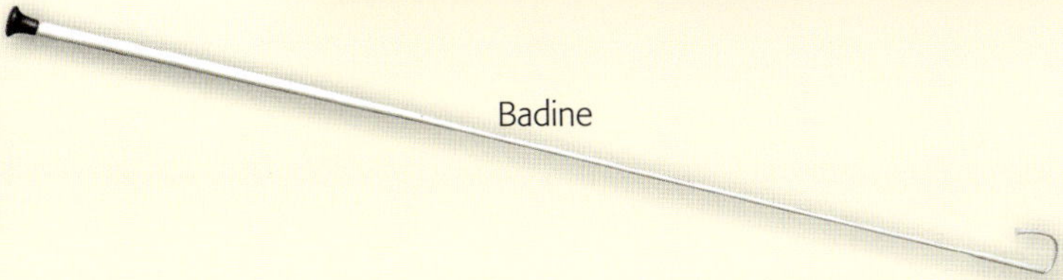

Badine

Caresses permises

Jaune : Le cheval aime être caressé à cet endroit.
Orange : Pour les personnes de confiance.
Rouge : Il faut éviter de toucher le cheval là.

possibilités de bouger ? Quelque chose lui fait-il mal ? Attend-il avec impatience la prochaine heure et le lendemain ? Quoi qu'il en soit, le cheval doit être content de te voir.

▶ **Conseil :** Comment sait-on si le cheval a mal quelque part ? Va voir à la page 24.

Le salut

Ton cheval sent si tes pensées sont avec lui ou si tu es distant. Il apprécie si tu t'arrêtes d'abord devant lui, à environ 3 ou 4 mètres, pour le saluer. Ainsi il peut t'observer calmement.

Il prend conscience du moindre mouvement et sait immédiatement comment tu te sens. Toi aussi, tu peux apprendre à savoir, à cette distance, comment se sent ton cheval. Vient-il vers toi d'un air détendu ou avec curiosité ? Te tourne-t-il le dos ?

◀ Pourquoi ne pas donner un morceau de carotte au cheval pour le saluer ? La séance d'équitation peut dès lors commencer dans les meilleures conditions.

▲ « D'abord toi, après moi. » Partager une friandise renforce les liens.

Sortie de box

Quand tu vas chercher un poney au box, laisse-lui un peu de temps avant de le brider. Il doit d'abord te reconnaître et te saluer. Le mieux est de rester quelques instants devant la porte du box et de le laisser renifler ta main. Entre ensuite dans le box et place-toi à côté du poney pour lui mettre la bride. Certains poneys ont l'habitude de tourner le dos lorsqu'on ouvre la porte de leur box. Une carotte ou un morceau de pomme améliore alors beaucoup leur humeur.

Si plusieurs poneys sont au pré, tu ne dois pas en approcher un seul avec de la nourriture pour le saluer. Les autres poneys risquent de venir également réclamer une friandise et cela peut dégénérer en bagarre.

Tête baissée !

Pour t'exercer à mettre la bride, choisis un cheval ou un poney calme et habitué, qui présente la tête baissée. Si tu as compris le principe, tu pourras aussi brider les chevaux anxieux, nerveux ou têtus. Ce sera peut-être un peu plus difficile avec eux. Les jeunes chevaux veulent tout mettre à leur bouche, les manches de veste, par exemple, et bien sûr aussi le licol. Les chevaux anxieux ont tendance aux mouvements brusques, y compris avec la tête. Les chevaux têtus poussent, s'agitent ou détournent la tête.

▶ **Conseil :** Pour tenir à distance un cheval jeune ou impétueux, va à la page 32.

La longe

La longe s'accroche au licol, à l'anneau du bas. Pour le travail au sol ou quand un cheval se laisse difficilement mener, la longe peut aussi être passée au-dessus de la muserolle.

Les friandises : oui, non ?

Je donne des friandises aux chevaux avant de monter, après la séance d'équitation, mais aussi le matin quand je vais les saluer à l'écurie. Ainsi, ils m'associent à quelque chose de positif.

Attention : La mendicité est interdite !

▲ Prends ton temps pour dire bonjour à ton cheval ou ton poney. Est-il de bonne humeur aujourd'hui ? Laisse-le renifler ta main plutôt que de lui caresser tout de suite la tête.

▼ Installe le licol des deux mains sur sa tête, en faisant attention qu'il ne touche pas ses yeux. Agis avec douceur, pour ne pas le brusquer.

▸ Passe le licol par-dessus les oreilles et assure-toi qu'il ne glisse pas sur ses yeux.

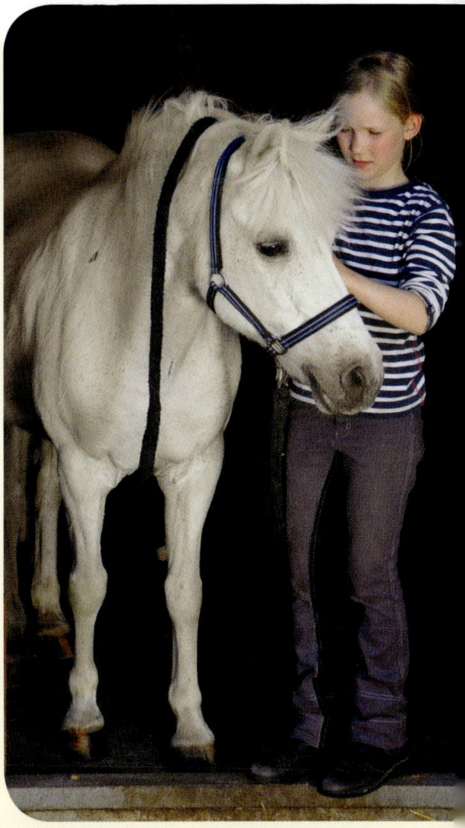

▲ Serre le licol, puis direction le toilettage ! La longe est déjà autour de l'encolure.

Cela permet de mieux contrôler la tête du cheval. Pour le mener, utilise une corde avec un mousqueton. Les crochets instantanés ne sont pas appropriés pour mener le cheval : ils sont conçus pour l'attacher et se détachent en cas de mouvement brutal.

Mener le cheval

Pour mener le cheval, il existe différentes façons de procéder. Utilise le licol et la longe. Reste sur le côté, à au moins une longueur de bras, et devant les yeux du cheval. Il est aussi possible de mener le cheval à deux de chaque côté. La badine peut être utilisée comme prolongement du bras, pour freiner ou faire avancer le cheval.

Tu peux attacher la corde à une ficelle et faire un nœud de sécurité (voir à la page suivante), facile à détacher si le cheval prend peur.

En toute sécurité

Les chevaux sont des animaux craintifs. Pour un cheval sauvage, il est vital de pouvoir s'enfuir au galop devant un danger. Un jeune cheval, ou un poney, doit apprendre à se laisser attacher. Il doit comprendre qu'il est en sécurité lorsqu'il est attaché. La sécurité pour un cheval, cela signifie la liberté de mouvement. Et aussi le fait d'être avec d'autres chevaux.

Bien attacher

Une bonne barre d'attache doit être stable et offrir la possibilité d'attacher plusieurs chevaux avec une distance suffisante entre chacun. Elle doit être installée à un endroit tranquille du terrain d'entraînement et permettre aux poneys de disposer d'un grand champ de vision. Les poneys se sentent mieux lorsqu'ils peuvent voir ce qui se passe autour d'eux. Ils ne se sentent pas en sécurité lorsqu'ils entendent derrière eux des bruits qu'ils ne peuvent pas identifier. Pour l'attache, utilise une corde avec des crochets instantanés. Fixe-la à une ficelle avec un nœud de sécurité. Ce sont trois mesures de précaution que l'on prend au cas où le poney, ou le cheval, attaché prendrait peur et voudrait s'enfuir. Car même quand un cheval a compris qu'il était en sécurité à la barre d'attache, il veut tout de même fuir instinctivement à chaque fois qu'il a peur.

Comportements agités

Certains poneys grattent le sol avec le sabot lorsqu'ils sont attachés, prennent la bride en bouche ou s'agitent en tous sens. D'autres se jettent contre la barre d'attache ou tirent de

Peur à l'attache

Mon premier poney ne se laissait pas facilement attacher. Il avait peur et tirait sur la corde. On dit qu'il « tirait au renard ». Nous lui avons appris à rester calme sans être attaché. Cela a aidé à résoudre le problème.

En règle générale, le poney nerveux se calme grâce au mouvement de la badine. La caresse va d'avant en arrière et de haut en bas.

Voici le T-Touch appelé le « coquillage » : du haut de la queue vers le bas. La main en forme d'un coquillage masse la robe en décrivant des cercles.

Étire sa colonne vertébrale en tirant avec délicatesse sur le toupet, puis en le relâchant très lentement. Le cheval apprécie lorsqu'on le regarde dans les yeux.

toutes leurs forces sur la corde. Ce sont des signes de stress. Les poneys nerveux se détendent souvent quand on les caresse avec la badine. Ce type de caresse te permet de maintenir une certaine distance de sécurité. Passe la badine le long de l'encolure et descends jusqu'aux sabots avant.

Quand le poney est calmé, des caresses à la main, des massages, des T-Touches de la méthode Tellington ou un pansage à ses « endroits préférés » l'aident à réduire son stress.

Conseil : Pour en savoir plus sur les T-Touches Tellington et les massages, va à la page 22.

Nœuds

Tire la corde dans l'anneau et fais une grande boucle avec l'extrémité (1). Fais une deuxième boucle, passe-la dans la partie supérieure de la première boucle (2) et serre le tout pour former le nœud (3). Tu peux défaire rapidement le nœud en tirant sur l'extrémité de la corde (4).

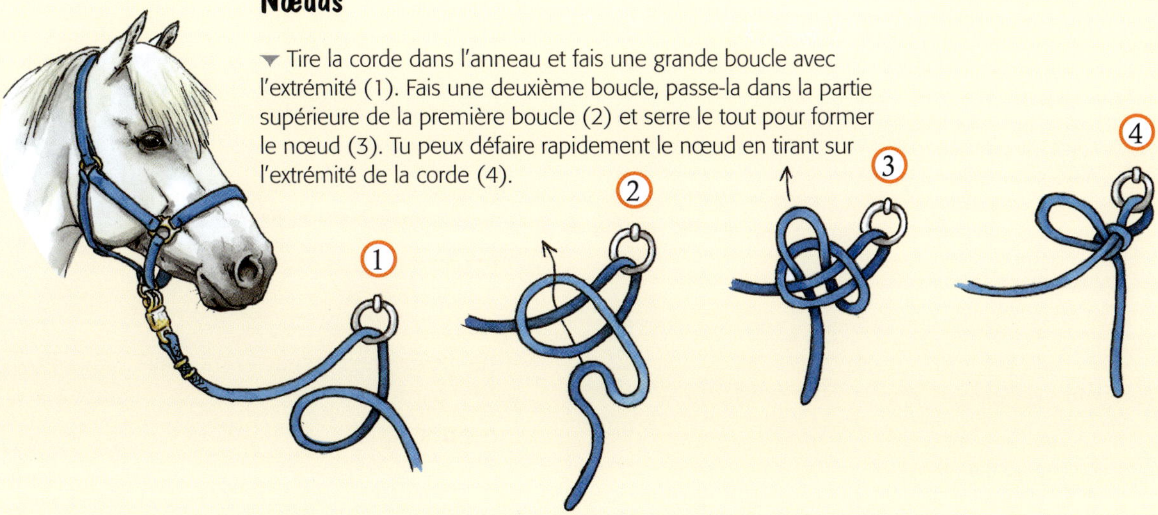

◂ Chaque jour, les Koniks passent beaucoup de temps à se laver mutuellement, surtout aux endroits auxquels ils n'ont pas accès seuls, comme le bord supérieur de l'encolure, l'encolure, le poitrail ou la naissance de la queue.

Brosses, éponges et serviettes

Les poneys communiquent entre eux par contact corporel. Le rituel quotidien du pansage avant et après l'entraînement est aussi une manière de saluer ou de remercier son cheval. Ce rituel peut prendre plus de vingt minutes ! Il s'agit d'un moment que le cheval comme le cavalier doivent apprécier pleinement.

Les magasins spécialisés dans l'équitation proposent toute une panoplie de brosses, d'étrilles, de cure-pieds, d'éponges et de peignes. Les quelques éléments dont tu as vraiment besoin doivent bien tenir dans la main et être agréables pour le cheval.

Boue et autres impuretés

Le cheval doit être pansé de l'avant à l'arrière et du haut vers le bas. Commence de préférence par le côté gauche. D'abord, étrille le cheval, pour éliminer les plus grosses saletés.

Comme l'étrille est relativement rêche, utilise-la uniquement aux endroits du corps bien protégés par les muscles. Les gros bouchons, ou brosses dures, conviennent pour nettoyer la boue séchée sur la robe.

De la douceur en toutes choses

Après avoir passé l'étrille et éliminé les plus grosses saletés, utilise une brosse à panser douce pour nettoyer ton poney ou ton cheval.

Mon ami l'arbre

Les soins de la peau seul ou à deux ? Le contentement qui se lit sur le visage de ce jeune cheval montre que l'arbre rend de bons services. Ici, il l'a pour lui tout seul. Parfois, la moitié du troupeau se gratte ensemble au même arbre.

▸ Utilise une étrille, un bouchon et une brosse à panser. De temps en temps, frappe l'étrille contre le sol pour la nettoyer. Sur les photos du bas, le poney a la tête baissée, preuve qu'il se sent bien.

Nécessaire de pansage

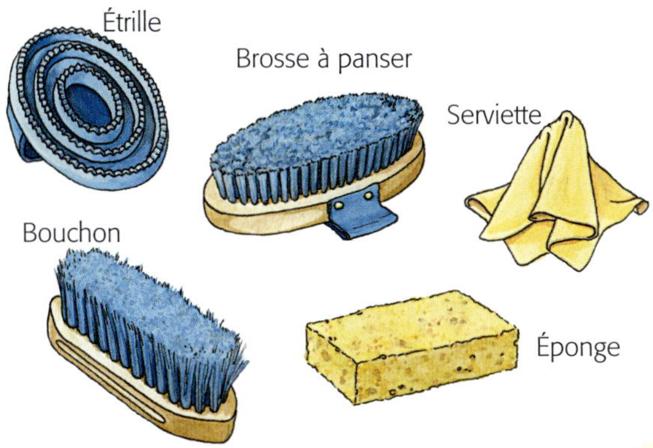

Cette brosse convient également aux parties du corps dont le volume musculaire est réduit, par exemple les jambes, le garrot ou la pointe de la hanche, et aussi la tête. Autour des yeux et des naseaux, utilise une éponge avec beaucoup de précaution.

Si le poney a traversé un terrain boueux, lave ses jambes de préférence avec de l'eau chaude. Tu peux alors utiliser une brosse à linge ou une éponge.

Selon chacun

Certains chevaux sont très irritables quand on les lave. Tiens compte de leur température. Utilise alors une brosse douce, des serviettes ou une peau d'agneau.

D'autres chevaux ou poneys se débattent quand certaines parties du corps doivent être lavées, par exemple l'intérieur de la jambe, le ventre derrière les coudes, la nuque ou le poitrail. Ils sont alors tendus, à la suite d'une crampe ou de douleurs. Après un effleurement à la badine ou un massage prolongé, ils ne sont plus sur la défensive.

Lisse les crins de la crinière mèche par mèche en remontant vers le haut. Tu démêles ainsi la crinière, tout en détendant la musculature de cette région.

Nécessaire de pansage

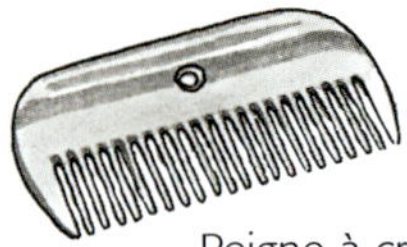

Peigne à crinière

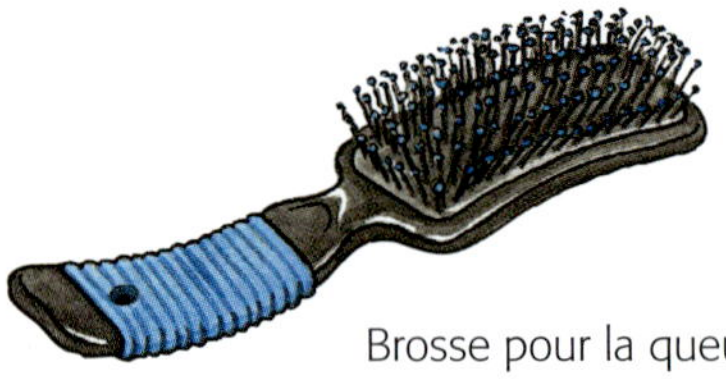

Brosse pour la queue

Soins capillaires

Le démêlage de la crinière et de la queue détend le poney. La plupart d'entre eux apprécient d'être « coiffés ». Seul le bruit du spray pour crinière, qui soit dit en passant allège bien le travail, les irrite parfois un peu.

Les Haflinger, Islandais, Shetland et autres races de poneys paraissent dénaturés sans leur longue crinière. Cependant, la crinière des poneys de selle est souvent raccourcie, pour être plus facilement tressée. Qu'elle soit courte ou longue, après avoir été démêlée avec les doigts, la crinière est égalisée avec le peigne à crinière. Une crinière courte peut être brossée avec une brosse pour crinière.

Après avoir démêlé la crinière avec les doigts, peigne-la avec le peigne à crinière. Vois comme ce poney est attentif : il tend l'oreille gauche vers la main de la cavalière.

Une jolie queue

Pour brosser la queue, place-toi sur le côté, près des jambes arrière. Attrape le bout de la queue, place celle-ci sur le côté, démêle les crins et enlève le foin, la paille ou les brindilles. Dans le langage des cavaliers, on appelle cela « éclaircir la queue ». Les crins de la queue poussent très lentement. C'est pourquoi tu ne

▲ Avec une éponge, nettoie les yeux et les naseaux. Pour les jambes, les sabots et la robe, tu as besoin de deux autres éponges, de préférence de couleurs différentes.

▲ Quand le poney est bien pansé, peigné, brossé et épongé, passe une dernière fois un chiffon propre ou une peau d'agneau pour « polir » la robe.

◀ Démêle la queue à la main. On utilise rarement la brosse pour la queue. Les crins de la queue sont précieux ! Certains chevaux portent même une sorte de toupet à la queue.

Mosquero, parure en crins pour orner la tête du cheval

Précieuse barbe

Les vibrisses autour de la bouche du cheval sont un organe important du toucher. Il est interdit de les couper car cela nuit au cheval.

dois pas brosser la queue à fond. Éclaircis-la à la main et lave-la éventuellement. Autrefois, le couard situé à la naissance de la queue était soigneusement épilé. Aujourd'hui, cela ne se fait presque plus, fort heureusement. Ces crins servent à retenir la pluie. Tout comme les poils dans les oreilles, ils ne doivent pas être coupés.

Le meilleur pour la fin

Après avoir démêlé et nettoyé la crinière et la queue, passe un chiffon en laine ou un gant en peau d'agneau sur l'ensemble de la robe jusqu'aux sabots. Et n'oublie pas de laver et de ranger en lieu sûr les brosses, les serviettes, les éponges et les peignes.

Ce petit sabot de poulain n'a jamais été ferré et pourtant il a conservé sa forme d'origine et sa solidité naturelle sans jamais s'user.

Fer à cheval

Sabots - durs mais sensibles

Donner les pieds

Les chevaux jeunes ou sauvages ne donnent pas volontiers leurs pieds. Instinctivement, ils en ont besoin pour pouvoir s'enfuir. Ils n'apprennent que petit à petit à les présenter au signal de l'homme.

Contrôler les pieds du cheval, les nettoyer et les soigner est une tâche importante dans le quotidien du cavalier.

Contrôle des pieds

Les pieds doivent être curés avant chaque séance d'équitation. Les poneys expérimentés donnent leurs pieds sans se faire prier et dans le bon ordre, d'abord ceux de devant, puis ceux de derrière.

Ils les laissent levés suffisamment longtemps pour que tu puisses curer les soles et les lacunes, et aussi la ligne blanche qui joint la paroi à la sole, où de petits cailloux peuvent s'incruster. Après la leçon d'équitation, les pieds doivent encore être nettoyés avec un cure-pied. Les sabots poreux, fendillés ou ébréchés sont traités avec une lotion ou de l'huile pour sabot.

Le maréchal-ferrant - aussi important que le dentiste !

Toutes les six ou sept semaines, les sabots doivent être parés par un maréchal-ferrant. Les poneys et les chevaux ayant des soles sensibles ou d'autres problèmes de pied doivent être ferrés tout aussi régulièrement.

Avant une randonnée ou en cas de sortie régulière sur des chemins sablonneux, pierreux ou

Faire de l'huile pour sabots soi-même

Mélange une tasse d'huile d'olive, une cuillère à café d'huile de laurier et une cuillère à café de miel liquide pour obtenir une huile de première qualité. Quelques gouttes d'huile de lavande ou de théier ajoutées au mélange agissent comme un désinfectant complémentaire. Frotte toujours l'huile ou la graisse sur des sabots humides, sinon la corne peut se dessécher !

Coupe transversale du sabot

1 Phalange du paturon
2 Avant-dernière phalange
3 Tendon extenseur
4 Troisième phalange
5 Os naviculaire
6 Tendon fléchisseur
7 Corne
8 Fer à cheval
9 Clou

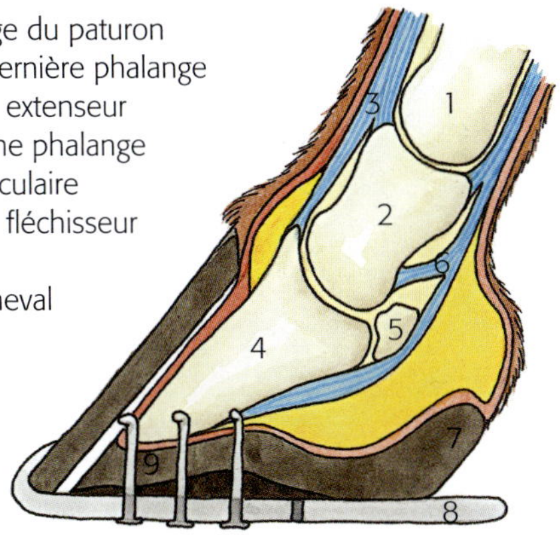

Hipposandales

Les clous sont enfoncés dans la région de la « ligne blanche » et traversent la paroi à leur extrémité, ce qui ne fait pas mal au cheval.

▼ Avec un pinceau, enduis le sabot humide du cheval avec de la graisse pour sabot. Fais attention à l'odeur. La graisse rance sent mauvais et endommage le sabot.

Cure-pied

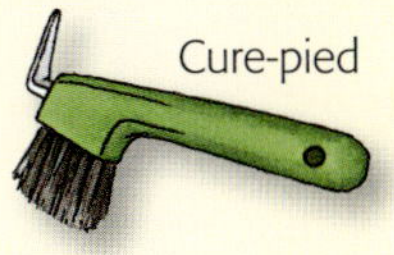

goudronnés, la plupart des maréchaux-ferrants recommandent les fers. Les fers empêchent la corne du sabot de s'user trop rapidement. Certains ne jurent en revanche que par les hipposandales. Contrairement aux fers, qui restent fixés aux sabots, même quand le cheval n'est pas monté, les hipposandales ne se portent que lorsque le cavalier est en selle.

▼ Place-toi sur le côté du poney, près des postérieurs, et passe la main le long de la jambe, du haut vers le bas.

▲ Tiens fermement le pied postérieur et reste immobile. Le poney n'y voit pas d'inconvénient et ne s'agite pas.

▼ Avec le cure-pied, puis la brosse, nettoie la sole et les lacunes.

◂ Cette jument de deux ans barbote dans l'eau pour son plus grand plaisir. Les chevaux sauvages n'ont pas peur de l'eau. Les poulains y pénètrent pour suivre leur mère.

▾ Les chevaux en liberté peuvent choisir de se baigner dans l'eau ou de se rouler dans la poussière. Souvent, ils se baignent d'abord et se roulent ensuite sur le dos pour éloigner les insectes.

Bains d'eau ou de poussière

Certains chevaux se baignent dans un ruisseau, une mare ou un étang dès qu'ils en ont la possibilité. La plupart des chevaux préfèrent pourtant se nettoyer dans la poussière ou le sable.

Faire son spray pour crinière soi-même

Remplis un spray à crinière vide (1 000 ml) avec 750 ml d'eau, 50 ml d'huile de racines de bardane achetée en droguerie, 50 ml d'alcool et 50 ml de vinaigre de fruit. Cette version d'été agit aussi contre les insectes. La version d'hiver se compose de 750 ml d'eau et de 50 ml d'huile pour bébé. Ajoute éventuellement 50 ml de vinaigre de fruit. Secoue avant utilisation.

Il n'est pas nécessaire de laver le cheval avec du savon ou de le doucher. Le savon n'est pas très bon pour eux. Il détruit la couche protectrice naturelle de la peau et le cheval peut alors contracter des maladies.

Rafraîchissement compris

En été, après la séance d'équitation, un cheval en sueur peut se rafraîchir en buvant de l'eau claire. Si le cheval doit ensuite retourner dans le pré, tu peux ajouter à l'eau une cuillère de vinaigre de fruit et quelques gouttes d'huile de clous de girofle, de théier, de menthe poivrée ou de géranium. Ce type de mélange est bénéfique pour la peau et éloigne les insectes.

Asperger les jambes est aussi une possibilité pour rafraîchir les chevaux en été après la leçon d'équitation ou pour enlever la saleté. L'idéal pour un cheval est bien sûr de se baigner dans

▲ Si tu n'as pas de tuyau d'arrosage sous la main, lave la queue dans un seau d'eau.

Nécessaire de nettoyage

Couteau de chaleur

Éponge

▲ Au début, certains chevaux n'apprécient pas particulièrement d'être aspergés, parce qu'ils ont peur du tuyau d'arrosage.

un étang ou une rivière. Tu en sauras plus là-dessus en te reportant à la page 114. Après avoir aspergé le cheval au tuyau d'arrosage ou l'avoir mouillé avec une éponge, élimine l'eau sur la robe avec un couteau de chaleur. Laisse les jambes sécher naturellement.

Soins supplémentaires pour la queue

Si la queue est sale, tu peux la laver avec un shampooing doux pour bébé. Si tu n'as pas de tuyau d'arrosage sous la main, plonge la queue du poney dans un seau d'eau. Enduis-la de shampooing avec la main et plonge-la plusieurs fois dans le seau en changeant l'eau de temps en temps.

À la fin, vaporise le spray pour crinière sur la queue et fais une grosse tresse pour la nuit. Le lendemain, dénoue la tresse. La queue aura alors un bel aspect brillant.

Le cœur sur la croupe

Tu peux facilement faire toi-même des motifs de laque sur la robe de ton poney ou de ton cheval. Achète ou confectionne un pochoir.
Pose le pochoir sur la robe et brosse dans le sens contraire du poil avec un bouchon humidifié et imprégné de spray lustrant. Vaporise ensuite de la laque coiffante pour que le motif tienne bien.

◄ L'étalon Konik possède une crinière naturellement longue, bicolore, avec des franges et des mèches, qui non seulement le protège, mais aussi le rend particulièrement attrayant.

▲ Tresses pour longues crinières. L'effet est très beau et les possibilités nombreuses. On peut y associer des fleurs ou du papier crépon ou, comme sur la photo, donner à l'ensemble des tresses un aspect géométrique.

Chez le coiffeur

Avant un concours ou un tournoi, ou tout simplement après l'étrillage et le pansage, on peut tresser la queue et la crinière. Dans les concours, on peut admirer les tresses les plus variées, notamment chez les poneys à la crinière longue.

Les petites tresses régulières ne s'obtiennent qu'après avoir étiré et éclairci la crinière. Pour les propriétaires de poneys, rien de plus normal. Les fans de Shetland et de Haflinger ne voudraient pas voir leurs poneys sans une belle coiffure. C'est une affaire d'élégance !

Pour les crinières longues, les tresses espagnoles sont indiquées. Elles suivent le bord supérieur de l'encolure. Mais on peut également créer un ensemble de tresses tombant à droite et à gauche, avec par exemple des fleurs. Avant de faire des tresses à ton poney, il est conseillé de le détendre. Quand le poney se sent bien, il se montre plus patient.

Décontraction

Pour décontracter la région de la crinière, il existe plusieurs types de massages agréables, décrits dans la méthode Tellington. Ils sont

Achats pour le tressage

- Élastiques pour crinière en noir, en blanc, en doré ou neutres
- Large ruban rouge de paquet-cadeau
- Élastiques pour les tresses
- Spray pour crinière

▲ Ce tressage classique fait merveille avec les élastiques dorés entourant chaque tresse.

▼ Dans la crinière de ce Knabstrupper, des bandelettes de tissu ou des foulards très fins sont insérés dans les tresses.

▲ Un Andalou avec des tresses espagnoles et un mosquero

◀ Belle composition de tresses pour une crinière longue

appelés T-Touches (prononcer Ti-Teutch). Le mot « Touch » vient de l'anglais et implique un contact doux. Le lissage des crins, par exemple, décontracte la nuque, l'encolure, les épaules et le dos, favorise la circulation du sang et soulage les démangeaisons dues à l'eczéma d'été.

Sépare un ensemble de crins de l'épaisseur d'un doigt et lisse-les vers le bas (voir page 14). Procède ainsi sur toute la longueur de la crinière. Les tresses relevées vers le haut conviennent aux poneys qui n'aiment pas trop que l'on touche à leur crinière ou quand le cavalier a l'habitude de chevaucher tête relevée. Quant au toupet, il peut être coiffé vers l'avant ou l'arrière, selon les goûts.

▼ Commence par séparer la crinière en deux parties égales et fais des tresses simples. Ensuite, crée de jolis nœuds avec les tresses.

Le T-Touch du « lama » s'effectue avec le dos de la main ou les doigts. Ce massage augmente la confiance chez les chevaux qui ne se laissent pas facilement toucher, notamment à la tête.

Début de la « langue de vache ». Ce T-Touch peut être pratiqué aussi bien avant qu'après la séance. Caresse le ventre...

Un petit massage ?

En dehors des soins des crins et des caresses à la badine, il existe bien d'autres types de massages ou de T-Touches de la méthode Tellington, qui peuvent facilement être inclus dans un rituel de pansage. Ils ont aidé plus d'un cheval ou poney à mieux se comporter, à se concentrer et à faire confiance à leurs cavaliers. Le massage est réellement bénéfique.

La plupart de ces gestes sont circulaires. Les cercles se superposent toujours un peu. Les T-Touches circulaires sont effectués avec la main ou les doigts. Le contact de la main est aussi léger qu'une plume. Ce n'est pas la même chose si tu glisses ta main sur la robe (ce qui n'est pas bien) ou si tu caresses la robe en décrivant des cercles (ce qui est bien).

Raton laveur et langue de vache

Tu peux essayer le T-Touch « raton laveur » sur ton propre bras. Seul le bout des doigts voyage sur la peau. Ce contact convient particulièrement aux petites surfaces (visage, jambes, oreilles ou couronne). Tu peux aussi pratiquer ce massage à une certaine distance autour des enflures ou des blessures, car il active la circulation du sang et facilite la cicatrisation. Ces messages sont des effleurements d'une grande douceur. Commence chaque nouveau contact un peu à côté de l'endroit précédent.

Le massage appelé la « langue de vache » est un T-Touch pratiqué en surface qui prépare le cheval au sellage.

T-Touches pour concours

Il est possible d'appliquer les T-Touches de Linda Tellington-Jones pour les concours. Caresse les oreilles et masse les naseaux. Les chevaux apprécient beaucoup. Cela les aide à se détendre et à se sentir bien. Ils sont ensuite prêts à donner le meilleur d'eux-mêmes.

▲ ... et fais un mouvement fluide qui part du tronc vers le dos. Au milieu du tronc, le bout des doigts n'est plus dirigé vers le bas, mais vers le haut.

▲ Une fois arrivé au dos, continue ton massage jusqu'à la queue, en faisant plusieurs va-et-vient. Ce massage est très relaxant pour le dos du cheval.

▶ Pour finir, masse le cheval sur tout le corps. Ce T-Touch s'appelle « marche de Noé ».

Décontraction pour le cheval et le cavalier

À la fin d'un massage ou d'un T-Touch, caresse doucement l'ensemble du poney avec le plat de la main d'avant en arrière. Ce T-Touch s'appelle « marche de Noé », parce que tous les animaux associés aux T-Touches sont concernés : raton laveur, coquillage, vache, lama et autres.

Au début, certains poneys rechignent à être massés ou caressés parce qu'ils sont tendus. Le massage avec la badine ou le T-Touch du lama avec le dos de la main ou les doigts aident le poney à te faire confiance.

▶ **Conseil :** À la page 36, tu trouveras un test qui te montrera comment fonctionne la conscience qu'a le poney de son corps.

Le massage T-Touch

J'ai bien appris à masser le dos de mon poney. Les T-Touches sont légers et font du bien. Je souhaite que mon poney reste longtemps en bonne santé. Je vais le masser avant et après chaque séance d'équitation. Je suis sûre que cela peut l'aider.

◂ Une robe luisante, des yeux clairs et un bon appétit indiquent que cet étalon Konik est en bonne santé.

▾ On peut prendre le pouls d'un cheval entre ses ganaches ou utiliser le chronomètre. Le résultat pour ce cheval est de 32 pulsations par minute.

Comment ça va ?

En tant que proies, les chevaux cherchent à cacher qu'ils sont malades. Ils ne geignent pas et ne signalent pas leur douleur. Sauf s'ils toussent manifestement, s'ils boitent ou s'ils ont de fortes douleurs de ventre, il faut les examiner pour voir qu'ils sont malades.

Certaines personnes, y compris les enfants, ont pour mission de vérifier que les chevaux vont bien au moment où ils rentrent dans leur box. Un certain nombre de points aident à vérifier la bonne santé d'un cheval.

Voir et ressentir

Avant et après chaque séance d'équitation, tu dois passer la main le long du dos et des jambes du cheval à la recherche d'endroits échauffés, d'enflures ou de blessures. Les sabots doivent aussi être régulièrement nettoyés et contrôlés.

À contrôler

Le pouls, la respiration et la température doivent être régulièrement vérifiés, notamment lors de longues chevauchées ou d'exercices complets.

Pour un cheval adulte, le pouls bat entre 28 et 40 pulsations par minute. En cas de stress ou de gros effort, les pulsations peuvent atteindre 200.

Un cheval adulte respire de 8 à 16 fois par minute. En cas de stress ou de gros effort, ce nombre peut atteindre 100.

La température normale du corps se situe entre 37,5 °C et 38,2 °C pour un sujet adulte. En cas de gros effort, elle peut monter à 40 °C.

Au bout de dix minutes de repos, ces valeurs doivent redescendre.

▸ Quand on prend la température, le thermomètre doit être relié à un cordon pour qu'il ne puisse pas glisser à l'intérieur du cheval.

▲ Le crottin ne doit être ni trop ferme ni trop mou.

▼ Des yeux clairs et lumineux, une robe luisante, des oreilles dressées, un galop puissant, avec une transition fluide en repassant au trot… Ce sont tous des signes de bonne condition physique !

Mal de ventre = colique

En cas de coliques légères, le cheval rabat légèrement les oreilles en arrière, gratte le sol, se couche juste après avoir mangé ou ne mange pas. Quand les douleurs s'intensifient, le cheval regarde son ventre, retrousse les lèvres ou est très agité. Que la colique soit légère ou grave, appeler le vétérinaire est impératif.

L'état de la peau peut être vérifié lors du pansage. Des crins de crinière ou de queue ternes peuvent indiquer la présence de parasites sous forme de vers, ou une allergie. Un bon appétit et du crottin bien moulé sont la preuve que la digestion se fait bien.

Si une affection dure, les yeux ne sont plus aussi vifs et la robe devient terne. Le cheval devient apathique et fatigué ou il se montre irrité, voire agressif.

▸ **Conseil :** Pour en savoir plus sur la conformation des sabots, reporte-toi à la page 17.

Travail au sol

Les exercices au sol consistant à mener le cheval à pied sont toujours appréciés, aussi bien par la monture que par le cavalier. Quand les conditions ne sont pas requises pour monter sur le cheval, le travail au sol offre une alternative bienvenue.

Tu manques de temps pour un vrai travail en selle ? Le cheval est trop vieux ou le cavalier débutant ? Le cheval est trop jeune ou le cavalier fatigué ? Le cheval ou le cavalier ont mal au dos ? Dans tous ces cas de figure, le travail au sol s'impose.

Le cheval ne comprend pas comment reculer, il a beaucoup travaillé en début de journée ou il n'a pas été monté depuis longtemps ? Tu veux faire avec ton cheval des exercices rigolos ou reposants ? Vous voulez vous décontracter tous les deux ? Le terrain est boueux ? Les raisons de travailler au sol sont innombrables.

◀ Cavalière et cheval marchent au pas. Un peu d'échauffement avant l'équitation proprement dite.

▲ Un espace entièrement libre. Compare cette photo avec celle du même terrain après la pose des obstacles.

Licol, longe et badine

Pour le travail au sol, il te faut un licol de bonne qualité. Les licols de mauvaise qualité peuvent glisser et descendre trop près des yeux du cheval et cela lui est désagréable.

Certains licols ne s'ajustent pas seulement à la gorge mais aussi au nez. Comme le travail au sol demande souvent un maximum de précision, ce genre de licol réglable est préférable.

Longe

La corde pour le travail au sol est munie de mousquetons. Les crochets instantanés sont pratiques pour attacher le cheval, mais ils peuvent être gênants au sol quand le poney recule. Cela peut occasionner des situations plus que délicates. On peut aussi utiliser une corde sans crochets. Elle est alors fixée au licol avec un nœud de sécurité (voir à la page 11). Cette corde a l'avantage de pouvoir être glissée au-dessus de la muserolle du licol. Elle doit avoir une longueur de 3 mètres.

Travail au sol – mais en sécurité

- Porte des chaussures solides pour protéger tes pieds.
- Les gants sont également recommandés.
- N'enroule jamais la corde autour de ta main. Crée une boucle que tu peux raccourcir pour laisser le poney faire un mouvement.
- Prends la corde des deux mains. Quand ton poney devient nerveux, tu peux immédiatement créer une distance de sécurité.

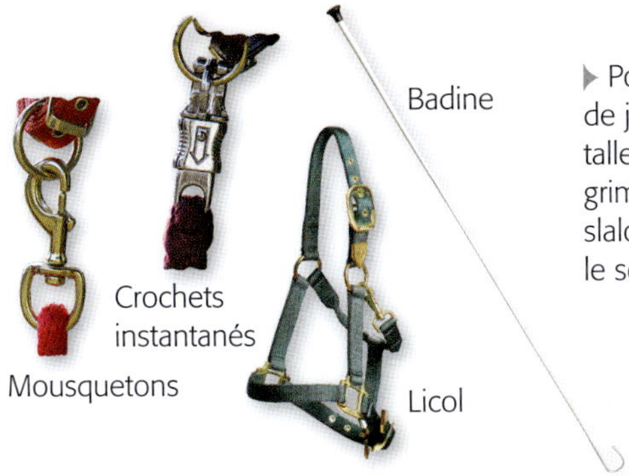

▸ Pour avoir un terrain de jeux, il suffit d'y installer une caisse pour y grimper, des cônes pour slalomer, des barres sur le sol et des allées.

▾ Passe la corde dans le licol. Il est important de croiser la corde au-dessus de la muserolle. La corde passe ainsi de haut en bas…

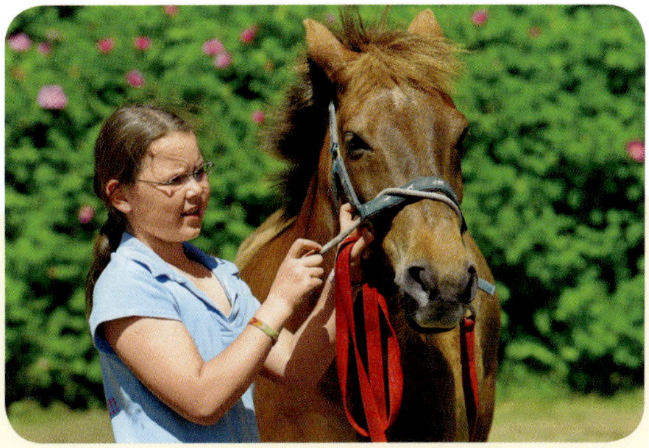

▴ … dans l'anneau, puis en travers sur le nez et de nouveau de haut en bas. À l'extérieur, elle est tirée dans les montants du licol et fixée à l'anneau du haut. De cette façon…

▾ … elle ne peut pas serrer. Utilise toujours une badine quand la longe est croisée sur le nez. Cela te donnera une certaine latitude d'action avec les poneys récalcitrants.

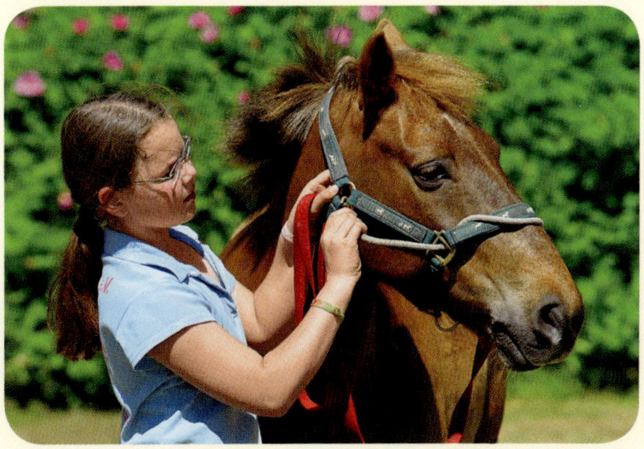

Baguette magique

Au sol, utilise la badine comme un prolongement du bras. Elle fait de 1,10 à 1,20 mètre. Utilise-la pour caresser le cheval ou lui demander de changer de cadence. S'il est trop rapide, la badine sera tapotée devant le poitrail pour le freiner. Inversement, s'il est trop lent, un petit coup à l'arrière du tronc l'incitera à accélérer. S'il s'approche trop près de toi, agite la badine comme tu le ferais avec un mouchoir et il s'arrêtera à la distance voulue.

Chaussures et gants

Pour l'échauffement et l'ensemble des exercices au sol, il est conseillé de porter des chaussures solides et des gants. Tu n'as pas forcément besoin de casque et de gilet d'équitation.

▸ **Conseil :** Tu trouveras des exercices de décontraction aux pages 38 et 40.

◀ Quel plaisir de jouer à mener ses amis ! Tu peux essayer cet exercice avec un licol ou, si le groupe est discipliné, en vous suivant tous du regard.

▲ L' « éléphant élégant ». Tu te places devant les yeux du cheval et lui indiques la direction à prendre avec la badine. Pour l'arrêter, tire légèrement sur la corde et tapote-le avec la badine.

Bien mener son cheval

Un vrai bestiaire

Linda Tellington-Jones n'a pas seulement de bonnes idées pour les massages qui diminuent le stress et les tensions corporelles. C'est également un des premiers entraîneurs à avoir remis à l'honneur le travail au sol et conçu toute une panoplie d'exercices. Elle a donné à ces exercices des noms d'animaux.

Travail au sol avec étalons

Le travail au sol fait partie intégrante de l'éducation du cheval. Avec les étalons, on peut insister sur le travail à la grande longe et pratiquer les changements de pas avant-arrière. Les étalons réagissent parfois avec agacement aux petits coups de badine. Entre eux, à l'état sauvage, ils se mordent mutuellement la poitrine dans les luttes de domination.

Élégant comme un éléphant

Cet exercice doit son nom au fait que pour donner l'ordre d'avancer et d'arrêter, la badine se balance comme la trompe d'un éléphant. La boucle formée par la corde peut également faire penser à une oreille d'éléphant. En menant le cheval, tiens-toi toujours un peu devant ses yeux.

Arrêt

Quand tu souhaites arrêter ton cheval, avance encore un peu après avoir prononcé le mot « ho ! » ou « stop !». Si tu t'arrêtes quand tu donnes l'ordre, le cheval risque de s'entortiller dans la longe.

En plus de prononcer le mot « Ho ! », tire un peu sur la corde vers l'arrière, agite la badine en direction de la tête du cheval et tapote-le au poitrail avec elle. Si le cheval a compris le signal, il suffira au bout d'un certain temps de pointer la badine en direction du poitrail et de dire « Ho ! ». Lors d'un arrêt bien fait, le cheval ne lève pas la tête. Dans l'idéal, il se tient droit comme une table, avec « une jambe à chaque coin ». C'est ce qu'on appelle un arrêt au carré.

Fais franchir un obstacle à ton poney ou ton cheval en lui faisant faire un mouvement appelé « éléphant élégant ». Pendant le travail au sol, sois aussi concentré que lorsque tu es en selle.

Arrête-le en tirant légèrement sur la corde et en lui donnant un petit coup de badine au poitrail. Pendant ce temps, reste devant la tête.

À la suite du petit coup appliqué à la jambe, le poney recule en diagonale. Observe la jambe arrière droite qui recule.

En avançant énergiquement vers lui et en exerçant une pression sur l'encolure vers le bas, ton cheval réagira comme il se doit.

Départ

Pour faire avancer le cheval, tire légèrement la corde vers l'avant et prononce le mot-signal, par exemple « En avant » ou « Allez ! ». Si le cheval n'avance pas, tu peux lui donner un petit coup à l'arrière du ventre avec la badine, à l'endroit où la jambe donne le même ordre quand tu es en selle. La corde fixée devant le nez sera également utilisée avec précaution à la manière d'une rêne. Après la petite pression exercée sur la corde pour le départ ou l'arrêt, relâche immédiatement la corde. Si tu oublies de céder, la corde restera tendue et le cheval ne réagira plus aux signaux moins prononcés ou se mettra même à tirer sur la corde ou à agiter la tête.

Conseil : Pour comparer l'arrêt au sol et l'arrêt en selle, reporte-toi à la page 88.

Reculer

Au début, l'entraînement au reculer se fait de préférence au sol. Nombreux sont les poneys qui rechignent à reculer. Si ton poney recule rapidement vers toi, et cela en toutes circonstances, c'est qu'il a une grande confiance en toi. Place-toi devant lui, à une certaine distance. Regarde ses jambes avant. S'il ne forme pas un carré avec les sabots parallèles, donne un petit coup sur la jambe la plus en avant. En même temps, pose la main sur le nez du cheval et dis-lui « En arrière ».

Au début, dis-toi qu'un seul pas en arrière suffit parfois pour aboutir à un résultat correct. Fais immédiatement une pause et félicite ton poney. Si le reculer est particulièrement hésitant, félicite le poney ou le cheval dès qu'une jambe avant se place correctement ou que le transfert de poids vers l'arrière s'effectue.

À force d'exercices, la confiance s'accroît et tu peux exiger davantage de ton poney : reculer sur toute une longueur de cheval ou même le long d'une figure en L.

◂ Ces deux-là se comprennent bien et s'appliquent en faisant les exercices.

▾ Sur la photo du haut, la cavalière a arrêté sa monture. Les chevaux sont souvent plus calmes quand on ne s'approche pas trop près d'eux. Les deux photos du bas montrent comment tu peux mettre davantage de distance entre ton poney et toi. Reste bien en avant et veille à l'aide de ta badine à ce que ton cheval reste dans ses marques. Tapote-le sous l'oreille ou agite lentement la badine dans l'espace qui vous sépare.

Rythme et distance

Le rythme de base diffère d'un animal à l'autre. Certains poneys ne sont rapides que s'ils sont montés ou menés au sol. D'autres traînent la jambe au pas. Influer sur le rythme d'un poney est tout aussi important au sol que sur la selle.

Les poneys empressés doivent commencer par l'exercice appelé « éléphant élégant ». Le jeu de la corde régulièrement tendue puis relâchée les aide à ralentir quand la badine accompagne le mouvement. Ce mouvement lent s'obtient mieux si on imagine bouger la badine dans l'eau.

Guépard gracieux

Si le poney réagit aux signaux pour le départ et l'arrêt, tu peux augmenter la distance qui te sépare de lui quand tu le mènes. Cet exercice s'appelle « guépard gracieux ». Il est préconisé pour les poneys qui ont tendance à pousser ou

▲ Observe la distance séparant le poney de la corde. Elle l'aide à marcher droit et à prendre confiance en lui.

◀ Avant d'être monté, le poney se décontracte en effectuant des slaloms ou des 8. Veille toujours à ce qu'il y ait une distance suffisante entre l'animal et toi.

▲ Ici, le poney est mené à droite. Même si, au début, le cheval comme le cavalier doivent s'y habituer, le travail à main droite est important pour l'équilibre du poney.

veulent tout prendre en bouche. Au cours du « guépard gracieux », les signaux ne sont donnés qu'avec le corps, la voix et la badine.

Tourner

Dans le travail au sol, les exercices consistent à tourner vers l'intérieur et vers l'extérieur. Dans les tournants vers l'extérieur, tu dois marcher un peu plus vite, ou faire de plus grands pas, que le poney. De cette façon, tu restes éloigné des yeux de l'animal et tu peux diriger sa tête.

Tourner vers l'intérieur est proscrit dans les examens officiels et les brevets d'équitation, tout comme le fait de mener à main droite.

À droite, à gauche

Les tournants vers la gauche et la droite sont d'excellents exercices de gymnastique pour le poney. Les serpentines et les 8 assouplissent la musculature et aident le poney à trouver son équilibre, à devenir plus droit et à maintenir un rythme uniforme.

Lors des tournants vers l'intérieur, tu dois maintenir une distance de sécurité avec le poney. Sinon, tu peux te faire marcher sur le pied !

Sabots lourds

Un grand poney pèse environ 450 kilos. Cela fait 125 kilos par antérieur. En effet, les antérieurs portent toujours plus de poids que les postérieurs. C'est la raison pour laquelle tu dois toujours porter des chaussures solides quand tu es en contact avec des chevaux.
Conserve toujours un œil sur les pieds du poney. Un poney peut facilement faire un écart.

« Halte ! La barrière est fermée ! » Le poney regarde les deux badines qui lui barrent le chemin. Les deux cavalières sont bien en avant, mais un peu trop près du poney tout de même.

Les deux cavalières conviennent ensemble de l'endroit où s'arrêter, du moment où démarrer et de la suite du programme. Elles sont en avant, mais pourraient augmenter la distance les séparant du poney.

Mener à deux

Mener un poney de chaque côté est un exercice passionnant. Il y a plusieurs raisons à cela. Cet accompagnement du cheval à deux est appelé le « pigeon voyageur » dans la méthode Tellington. Il agit comme un médicament. Son efficacité est comparable à un T-Touch. Pourquoi donc ?

Signes d'asymétrie chez un cheval

- Il donne avec difficulté un sabot avant ou arrière.
- Il se laisse plus facilement mener d'un côté.
- Il décrit mieux les cercles d'un côté.
- Il s'effraie plus facilement de choses situées d'un côté.
- Il cède plus facilement une jambe que l'autre.
- Il galope de façon incorrecte.

Des deux côtés

Les chevaux comme les êtres humains privilégient toujours un œil par rapport à l'autre. Il en va de même pour les mains, les bras et les jambes. C'est un fait acquis que l'on doit accepter. Cette asymétrie, si elle est prononcée, rend parfois le cheval peu sûr de lui, énervé ou agressif. Elle influe de façon négative sur son équilibre corporel et mental.

Des obstacles placés au sol de chaque côté aident le cheval à corriger son équilibre. L'effet est renforcé quand il est conduit par deux personnes, une de chaque côté.

Œil droit ou gauche

Si tu veux savoir quel est ton œil le plus performant, regarde à travers un cercle formé par ton pouce et le bout de ton index. Place ce cercle à 30 cm de tes yeux et regarde à travers lui un petit objet situé à environ 2 mètres. Ferme maintenant tour à tour l'œil droit et l'œil gauche. L'œil avec lequel tu peux bien voir l'objet est ton œil dominant. Avec ton autre œil, l'objet glisse vers le côté du cercle ou disparaît.

▼ Les badines sont pointées vers la droite. La cavalière de gauche est le guide. Elle indique la direction. L'oreille droite de Trajan est à l'écoute.

▲ Pour décrire des courbes, l'une des cavalières fait de grands pas vers l'extérieur. L'autre, à l'intérieur, ne bouge quasiment pas et bloque le cheval.

▲ Tous les deux pas, les deux cavalières arrêtent le poney entre les barres et tendent leurs badines pour lui barrer le chemin. Pour signaler le départ, elles baissent les badines.

Pigeon voyageur

Les cavaliers doivent d'abord choisir le meneur. Le meneur donne des signaux précis au cheval, choisit les trajectoires et commente ses actions.

Pour que le cheval ait suffisamment de liberté au niveau de la tête, les deux cavaliers doivent rester à une longueur de badine de lui. Il est important qu'ils soient aussi toujours dans le champ visuel l'un de l'autre et qu'ils puissent se parler. Restez toujours devant la tête du cheval, même au moment de l'arrêt.

Pour l'arrêt, le meneur donne le signal vocal, se tourne vers le cheval et tend la badine vers lui. Il s'arrête lorsque le cheval est à l'arrêt.

À trois ou à quatre

Le « pigeon voyageur » est un exercice difficile, surtout pour ce qui est des tournants. Pendant que l'un des cavaliers fait de grands pas, l'autre ne bouge presque pas et veille à ce que le cheval tourne lentement et de manière contrôlée.

Le « pigeon voyageur » offre aussi la possibilité à des amis inexpérimentés de mener le cheval avec le meneur. S'il y a peu de poneys et beaucoup d'enfants, cet exercice permet d'occuper tout le monde. Si un enfant monte sur le dos du poney, avec un casque naturellement, cela devient un jeu à quatre. Les enfants peuvent échanger les rôles.

◂ Pour qu'un poney puisse franchir un obstacle au trot de façon si volontaire, il doit avoir été préparé par un travail au sol.

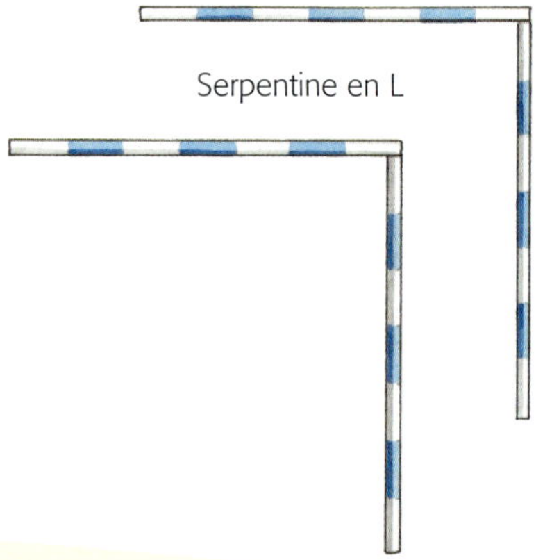

Obstacles

Des obstacles sont disposés sur le parcours, séparés les uns des autres ou créant des figures diverses. Ils aident le cheval à baisser la tête. Les chevaux empressés apprennent à ralentir et les chevaux tendus se détendent. Ce type de travail au sol corrige aussi les tendances à trébucher, l'inattention et le manque de coordination du cheval.

Le fait de suivre une courbe augmente la souplesse. Les cavaliers apprennent aussi à rester à l'unisson avec leur monture, ce qui est très important en équitation. Le maître mot est ici la lenteur. Pour réduire le tempo, le cavalier doit régulièrement arrêter le cheval. Dans un tournant ou un reculer, chaque pas est suivi d'une pause.

Le test de l'obstacle

Grâce au test de l'obstacle, tu pourras savoir comment le poney sent son propre corps. Arrête le poney juste avant l'obstacle, puis laisse-le faire deux pas, afin que ses antérieurs soient devant l'obstacle et ses postérieurs derrière.
Fais-le franchir l'obstacle avec les postérieurs. Pour finir, il doit être capable de reculer pour franchir l'obstacle dans l'autre sens.
Si le cheval s'agite ou n'est pas droit, c'est la preuve qu'à chaque séance d'équitation il a besoin d'exercices au sol avant d'être monté.

▾ Le poney a obéi aux instructions de la cavalière : il s'est arrêté même s'il y a un obstacle (barres posées au sol) entre ses jambes avant et arrière. Il est facile pour lui d'avancer et de reculer pas à pas.

◀ Trois exemples d'obstacles : la serpentine en L, la ruelle et le labyrinthe. Tu peux conduire ton poney à travers ces figures ou inventer à ta guise d'autres figures.

▶ Dans la serpentine en L et le labyrinthe, on peut observer l'état de souplesse du poney et la direction dans laquelle il s'incurve le plus facilement. Ce poney est plus rigide à droite.

Dans la ruelle

La ruelle est un exercice simple, mais néanmoins complet. Commence par faire avancer ton cheval dans la ruelle. Recommence ensuite et fais-le reculer de quelques pas une fois qu'il a atteint le milieu de la ruelle. S'il réussit, n'arrête-le qu'une fois toute la ruelle parcourue et fais-le reculer pour en sortir. Les barres représentant la ruelle peuvent être croisées pour créer différentes configurations. Tu peux, par exemple, dessiner un huit.

Serpentine en L

Il est facile de transformer une ruelle en figure représentant un L. Reculer dans un L est très difficile. Mais en marche avant, cette figure propose de nouvelles possibilités.

Labyrinthe

Le labyrinthe est un peu plus compliqué à réaliser. Il consiste en deux F imbriqués. Cette figure complexe est très bénéfique. Conduis-y lentement ton cheval pas à pas, avec de nombreuses pauses pour négocier les quatre tournants. Les chevaux expérimentés sont capables de le faire à reculons.

◀ Le poney avance calmement. Le mouvement de ses oreilles et de ses mâchoires indique cependant qu'il est préoccupé par le sac à bruit.

▲ Le poney reconnaît le sac et avance avec décontraction, même si ses oreilles sont toujours pointées vers l'objet et qu'il paraît encore un peu tendu.

S'habituer aux bruits

L'entraînement éthologique est une autre forme de travail au sol. Les conditions pour ce type d'entraînement sont que le poney se laisse facilement mener et stopper et qu'il reste immobile quand on lui en donne l'ordre.

Certains organisateurs de concours ont inclus dans leurs manifestations des épreuves liées à l'éthologie, au sol ou montées, afin que le public puisse admirer ce type d'exercice.

Attention, décibels !

De nombreux chevaux sont effrayés par les bruits qu'ils ne connaissent pas. Il est possible de les aider à s'y habituer. Le sac à bruit est une façon de les amener à rester décontractés en toute situation. Pour le sac à bruit, il te faut un grand sac-poubelle en plastique ou un drap usagé, six à dix boîtes de conserve, et de la ficelle pour nouer le sac.

Le premier contact avec le sac est déterminant. En aucun cas, le sac ne doit être laissé au hasard. Il risque d'être emporté par le vent. Avant d'agiter le sac pour faire du bruit, le cheval doit pouvoir renifler dans sa direction. Secoue-le ensuite un peu et félicite le cheval s'il reste tranquille.

Le sac à bruit

L'exercice du sac commence vraiment quand une seconde personne agite le sac autour du cheval, pendant que ce dernier avance. La distance entre la personne et le cheval dépend de l'état de tension du cheval. S'il est effrayé, cette distance sera grande au début et diminuera ensuite progressivement. À la fin, elle doit être de 1 mètre environ.

▶ **Conseil :** Les massages T-Touches aident le poney à se détendre. Vois à la page 22.

▲ Le cheval doit s'habituer au public. Peut-être as-tu déjà remarqué que les spectateurs d'un concours où participent de jeunes chevaux sont priés de ne pas applaudir ?

▲ Les exercices comme celui du sac préparent le cheval aux randonnées dans la campagne, où il entendra des bruits de toutes sortes. Il est important qu'il ait appris à faire confiance.

Peur des véhicules

Autrefois, mon poney avait peur des tracteurs et des camions. Mais depuis que nous avons suivi un entraînement au sol avec la méthode Tellington et un cours d'éthologie, il n'a plus peur des gros véhicules. Pendant l'entraînement, il s'est habitué à des objets très différents, et n'a plus peur de la circulation.

▼ Ce poney reste imperturbable. Les bruits de la bâche sous ses pieds ne le dérangent pas. Il savoure tranquillement ce moment.

Course ou repos ?

À l'état sauvage ou dans un pré, il y a toujours un cheval qui monte la garde quand les autres dorment ou se reposent. Des bruits non identifiés peuvent signifier un danger.

◂ Ce poney est parfaitement détendu. Il a confiance en sa cavalière. Utilise-t-elle un parapluie pour s'abriter de la pluie ? Ou alors a-t-elle envie de « jouer à la princesse » ?

Les objets qui font peur

Pendant les concours, de nombreux chevaux sont effrayés par les parapluies des spectateurs. En fait, il y a toute une série d'objets qui peuvent effrayer le cheval.

Plus le cheval apprendra à côtoyer des choses nouvelles, plus il s'habituera à réagir positivement dans des situations inédites. De quoi un poney peut-il avoir peur ? Des bennes à ordures, des voitures d'enfant, des moutons… la liste est longue. À toi de favoriser des rencontres avec des réalités nouvelles.

Parapluie

Commence par lui montrer le parapluie fermé et laisse-le le renifler. Ensuite recule, ouvre le parapluie, pose-le à terre et fais approcher le poney. Tu peux aussi demander à une autre personne de s'approcher du poney avec le parapluie ouvert.

Bâches en plastique

Les chevaux accordent une grande importance au sol sur lequel ils marchent. Un sol inhabituel peut facilement les effrayer. De nombreux chevaux sont effrayés par différents objets ou des ombres qui apparaissent soudainement. Les flaques ou la porte arrière du van peuvent également leur poser des problèmes.

Pour habituer un cheval aux objets en plastique, conduis-le près d'une bâche et place-toi entre la bâche et lui. L'étape suivante consiste à poser deux bâches assez près l'une de l'autre et à mener le cheval entre les deux. Pour les chevaux anxieux, l'écart entre les deux bâches doit être assez grand. Attention : quand tu mènes le cheval, reste toujours sur le côté, à une distance de sécurité, au cas où le cheval prendrait peur et chercherait à mettre fin à l'exercice de manière brutale.

◂ Ce poney est détendu entre les deux bâches. S'il avait peur, on pourrait écarter davantage les bâches ou lui demander de suivre un cheval plus calme.

▴ Ce poney n'a plus peur du parapluie. Ses oreilles sont toutefois tendues vers l'objet, on ne sait jamais !

▴ Ce poney n'est pas rassuré par le parapluie. Si le cavalier se place entre lui et le parapluie, le poney sera plus sûr de lui et, s'il fait un écart, ce ne sera pas sur le pied du cavalier !

Ensemble, c'est mieux

Mon poney est encore jeune et prend facilement peur. Au début, je me sentais en difficulté quand il faisait un écart pour s'éloigner d'un objet qui l'effrayait.
Par chance, nous avons trouvé une fille qui pouvait régulièrement le monter. C'est une bonne cavalière et elle lui a donné de l'assurance. Mon poney est devenu bien plus calme.

Marcher sur une bâche

Sitôt que le cheval s'est habitué à la présence de bâches, invite-le à en fouler une. Souvent, les chevaux testent la nature du revêtement en donnant un coup de sabot. Si le terrain est boueux, le sabot s'y enfoncera. De nombreux chevaux traversent la bâche sans grande hésitation. D'autres ont besoin de plus de temps. Ils n'oublient leurs craintes que s'ils voient d'autres chevaux marcher calmement dessus. Solution intermédiaire : le cavalier marche sur la bâche tandis que le poney l'accompagne sur l'herbe.

Il existe d'autres exercices de bâche : passer entre deux bâches tendues ou marcher au-dessus d'une bâche enroulée.

▸ **Conseil :** Pour en savoir plus sur les sabots, vois à la page 16.

« Nous devons maintenant traverser une forêt. Les branches t'obligent à baisser la tête. Je te fais slalomer autour des troncs. »

Avant de monter à cheval, nos trois cavalières se sont échauffées avec des exercices d'assouplissement.

Et on peut continuer à jouer à la maison….

L'imagination au pouvoir

Les jeux au sol sont parfaits pour démarrer ou terminer une séance d'équitation. Les slaloms autour de cônes, de tonneaux ou d'obstacles sont, comme les courses à l'œuf ou les jeux d'eau, des jeux d'équipe amusants qui fonctionnent aussi bien au pas qu'au trot. La version la plus extrême de ces jeux est pratiquée lors des Pony Games, des épreuves d'adresse consistant, par exemple, à sauter sur le cheval ou à en descendre au galop, à attraper des cônes sur un obstacle pour les placer sur un autre, ou à réaliser des courses de relais.

Que tout le monde s'amuse !

Les poneys doivent également prendre plaisir aux jeux. Il vaut mieux les mener avec un licol, une longe et une badine qu'avec un bridon. Si entraîné par la vivacité du jeu, un participant tire plus que nécessaire, le poney n'aura pas pour autant mal à la bouche. Avec le bridon, utilise les rênes. La longe fonctionne quant à elle avec le licol.

La réussite des jeux dépend souvent de l'imagination du professeur d'équitation. Pour presque chaque exercice de dressage, les idées de jeu ne manquent jamais. Elles peuvent donner à l'exercice un aspect nouveau et amusant pour tout le monde.

Lors du « pigeon voyageur » ou d'un travail sans selle, un des participants peut concevoir une situation imaginaire. Fuient-ils de dangereux bandits dans un pays lointain ? Sont-ils eux-mêmes des hors-la-loi ? Veulent-ils rattraper un cheval qui a pris la fuite ? Les idées sont vraiment innombrables !

▲ Ce poney a vite appris à grimper sur un marchepied. Attention : il faut toujours faire descendre le cheval à reculons et veiller à ce que le marchepied ne bascule pas.

▲ Ici, les poneys et leur attelage slaloment autour des cônes. Une cavalière est installée à l'arrière comme une princesse !

Cône

Adresse

Les exercices d'adresse ou les jeux de rôle sont souvent plus reposants. Les participants cherchent à tour de rôle à se maintenir en équilibre sur des cavaletti pendant que les poneys restent sagement immobiles. Les enfants contournent des obstacles à cloche-pied ou marchent à quatre pattes sur des bâches. Ils doivent parfois transporter un seau d'eau ou un camarade dans une brouette d'un endroit à un autre. Ou une balle de tennis doit rester bien en place sur une cuillère.

Pour accompagner ces différents jeux d'adresse, il peut être intéressant d'inventer une histoire, avec des Indiens, des bandits et des héros en tous genres.

Lors de tous ces jeux, on doit toujours respecter le cheval ! C'est important.

◀ À deux ou à trois, il est possible de trouver des jeux formidables à pratiquer avec les chevaux. Ici, un guide aveugle traverse une série d'obstacles. Le cavalier le guide.

Pour le travail à la longe, l'équipement est le suivant : un caveçon, une selle, des rênes allemandes et une chambrière, sans oublier des chaussures solides et éventuellement des gants.

Ce jeune cavalier aime les défis. Patiemment, il a appris à se tenir debout sur deux chevaux au trot. Les deux chevaux sont emmenés à la longe par une autre personne.

Langage corporel à la longe

Pour que le cheval soit plus calme quand il est monté au trot et au galop, certains cavaliers commencent par une séance à la longe. Mais ce n'est pas la meilleure façon d'échauffer la monture. Si le cheval n'est pas correctement échauffé, le travail à la longe peut être néfaste pour lui.

Pour ce type de travail, il est préférable de fixer au cheval un caveçon où sera attachée la longe. Cela soulage sa bouche, qui est une partie sensible. Une chambrière permet d'inciter le cheval à accélérer ou à ralentir.

Les chevaux sont attentifs aussi bien au langage corporel des autres chevaux qu'au tien. Si tu te places trop loin de l'épaule de ton poney, tu le ralentiras, alors que ton intention était peut-être inverse. Si tu lèves haut la badine en regardant intensément l'arrière-main du poney, il continuera peut-être à trotter, même si tu voulais qu'il repasse au pas.

Voici une position neutre. Le langage corporel indique que le poney doit accélérer. La badine est abaissée.

Un bon travail à la longe assouplit

Pendant les dix premières minutes, le travail à la longe se fait uniquement au pas. Demande régulièrement à ton poney de changer de direction pour l'assouplir. En langage équestre, le sens des aiguilles d'une montre s'appelle la « main droite ». La plupart des chevaux préfèrent progresser à main gauche.

▸ À trois, le poney et les deux cavalières forment un triangle. Dans le travail à la longe, il est important de ne pas se placer trop loin devant le poney, cette position freine l'animal.

◂ Des exercices de position à la longe permettent de se détendre et d'augmenter sa mobilité. C'est à la fois utile et amusant.

▾ Les cavalières incitent le cheval à augmenter l'allure, car leur nombril est dirigé vers l'arrière-main du poney.

Commence par travailler dans la direction qu'il préfère, puis change de main. Au bout de huit à dix minutes, laisse à nouveau le cheval avancer pendant quelques minutes au pas. Le travail à la longe ne doit jamais durer plus de vingt minutes.

Parfait pour jeunes chevaux et cavaliers débutants

À la longe, les jeunes chevaux s'habituent à obéir à de nouveaux ordres et à réagir à de nouvelles situations. Les chevaux qui ont été longtemps malades ou qui se déplacent avec raideur s'assouplissent grâce au travail à la longe. Leur condition et leur musculature s'en trouvent améliorées. La longe peut offrir une possibilité supplémentaire d'intensifier le dialogue avec le cheval.

Dans les bons centres équestres, les débutants commencent par le travail à la longe, ils se familiarisent pendant quelques heures à la décomposition des mouvements du pas, du trop et du galop.

Tandis que le professeur veille à ce que le cheval parcoure les cercles à la bonne allure, les élèves améliorent leur équilibre. Quand ils peuvent au final monter seuls, ils s'accrochent moins aux rênes quand le cheval part au trot.

▸ **Conseil :** Pour en savoir plus sur le trot enlevé, va à la page 97.

▼ Ce poney avance au pas. Avec la badine, veille à ce que ton poney reste bien à l'extérieur. La longe doit pendre un peu. Le seul poids de la longe…

Échauffement à la longe

Pour se préparer au travail à la longe, le « guépard gracieux » constitue un bon exercice. Il permet au poney d'apprendre à conserver une distance suffisante avec le longeur et à ne pas trop pousser vers l'intérieur. Cette distance est idéale pour le préparer à l'utilisation de la longe. Le départ et l'arrêt doivent, par exemple, d'abord avoir été pratiqués à distance.

Articulations ménagées

Même si de nombreuses personnes font avancer vivement le cheval à la longe, commencer au pas lent est préférable. Cette allure constitue un bon échauffement. Cela épargne les articulations de la monture. Après dix minutes au pas, on peut laisser le cheval trotter.

Le langage du nombril

Pour envoyer le cheval vers l'extérieur et le maintenir à cette place, ainsi que pour influer sur son rythme, le truc du nombril est bien utile. Imagine que tu envoies un rayon lumineux vers le cheval à partir du nombril ! Ce rayon lumineux a un effet différent selon l'endroit où il est projeté sur le corps de ton poney ou de ton cheval.

La longe contre le mal de dos

Mon poney conservait depuis quelque temps la tête haute après avoir démarré un trot, il sautait en tous sens en randonnée et il était sensible du dos quand je le pansais. Ma sœur Lisa et moi l'avons mené à la longe tous les jours avec des rênes allemandes. Pendant cette période, nous ne l'avons presque pas monté. Avec le temps, il a affermi sa musculature.

Si le rayon atteint la main arrière, le cheval accélère. Si au contraire, il atteint la tête, le cheval ralentit. Ce rayon invisible est simplement une façon de toujours maintenir une bonne attitude corporelle vis-à-vis du cheval.

Il arrive fréquemment que le travail à la longe ne soit pas efficace parce que le langage corporel induit le cheval en erreur. La direction du regard, le bras prolongé de la badine et la respiration renforcent les signaux donnés avec « le rayon lumineux du nombril ».

▼ … exerce une pression sur l'embouchure. Sauf en cas de transition vers une allure plus lente, la longe doit toujours pendre un peu.

▲ En dirigeant ton nombril vers l'arrière-main du poney, il continue à avancer énergiquement. Pour insister, lève légèrement la badine.

« Au pas ! »

Naturellement, tu peux parler au cheval ! Mais les chevaux comprennent moins nos mots que nos attitudes corporelles.

Pour amener le cheval sur la ligne du cercle, choisis au départ sa direction préférée. Le plus souvent, c'est la gauche.

Langage silencieux

Le Konik a l'œil sur tout, même s'il est d'une humeur à jouer. L'étalon situé derrière à droite veille au grain.

Trot à la longe

Après avoir réalisé plusieurs changements de main et d'allure au pas pendant les dix premières minutes, le travail de trot peut commencer. Si au pas, le cercle est un peu moins grand, au trot il doit correspondre aux limites du parcours.

Pour le départ au trot, braque ton rayon lumineux imaginaire sur l'arrière-main du cheval, lève la badine et dis : « Au trot ! ». Le but est que le cheval fasse quelques tours de piste à un trot régulier, en baissant la tête sans rechigner.

Ensuite, repasse au pas et change de main. Là aussi, laisse le cheval faire tranquillement quelques tours au trot avant de ralentir l'allure.

Après un nouveau changement de main, le cheval peut effectuer à chaque fois deux ou trois tours avant de passer au pas. Après la moitié d'un tour au pas, laisse-le reprendre le trot.

▶ **Conseil :** L'exercice appelé le « guépard gracieux » est expliqué à la page 32 et le travail de trot à la page 96.

◀ Pour ralentir le poney, abaisse la badine et la longe. Chez les poneys habitués, ces signaux accompagnés de l'ordre « Au pas ! » suffisent pour que le cheval ralentisse.

▼ Pour ralentir le poney, dirige ton nombril vers son nez. La longe peut maintenant être utilisée pour l'arrêt, de la même manière que les rênes pour un arrêt.

Rayonner, tout est là !

Pour ralentir le cheval, dirige ton nombril de telle façon que le rayon lumineux invisible soit envoyé devant le nez du cheval comme si tu voulais créer une barrière. L'ordre « Ho ! » doit être dit d'une voix profonde et rassurante. Pour renforcer l'effet du rayon lumineux, place la badine sous la longe et lève-la devant le cheval.

Chez les chevaux aguerris, cela n'est pas nécessaire. Ils ralentissent au moindre abaissement de la badine. Si l'ordre vocal et la direction du nombril s'y ajoutent, ils s'immobilisent.

La statue et l'appel

Quand le cheval s'immobilise, il peut rester quelques instants dans cette position. Cet exercice s'appelle la « statue ». Il pacifie les chevaux impatients. Mais tu dois faire cesser l'immobilisation avant que le cheval ne devienne fébrile. Au début, les chevaux inexpérimentés ne tiennent que quelques secondes. Avec le temps, ils allongeront ce temps et pourront même tenir des minutes. Cet exercice n'améliore pas seulement la patience du cheval, mais la tienne également. Mais attention : pour l'arrêt normal sur le cercle, n'utilise pas le même ordre que pour l'appel, sinon ton poney courra vers toi après chaque arrêt. Dans le premier cas, ce peut être « Ho ! » et dans le second « Viens ! ».

Pendant que le cheval est à l'arrêt, tu peux t'approcher de lui pour le caresser ou le masser. Pour cela, la longe doit être rassemblée en boucles.

Si tu demandes à ton cheval de te rejoindre, il s'agit d'un appel. Pour lui apprendre l'appel, arrête-le d'abord, puis appelle-le par son nom et tire-le vers toi avec la longe. Dans ce cas, tu dois également raccourcir la longe en boucles.

▲ Ton poney doit attendre sagement pendant que tu rassembles la longe en boucles. La manœuvre est parfaitement réussie.

▼ Félicite ton poney. Même s'il est expérimenté, il appréciera ce genre d'attitude positive.

Importance du langage corporel

Lors du travail à la longe, ton langage corporel est très important. Ton cheval t'observe toujours attentivement. Aussi, ne sois pas trop énergique quand tu t'approches de lui alors qu'il est dans le cercle de la longe.

Le mieux est de se diriger vers sa tête et de diriger le rayon lumineux du nombril devant son nez. La badine pointe alors vers l'arrière. Si tu souhaites au contraire que le cheval s'approche de toi, tu peux te faire un peu plus petit ou reculer d'un ou deux pas.

Si le cheval vient vers toi de lui-même, redresse-toi, bombe le torse et avance vers lui.

Vocabulaire de la piste

Comme son nom l'indique, la **statue** est une figure d'une immobilité parfaite. Elle peut être utile pour les chevaux qui ne se laissent pas facilement attacher (page 10) et ceux qui veulent tout mettre en bouche (page 32).
L'**appel** sert, tu l'auras deviné, à faire venir un cheval vers soi.

▲ La monitrice explique à l'élève l'utilisation du langage corporel.

◀ Au travail de longe avec le bridon, enroule la longe à chaque changement de direction. Pour cela, tu dois arrêter ton poney.

▲ N'oublie pas de féliciter ton poney. Tu peux maintenant changer de main ou réaliser les exercices de l'arrêt.

Tourner, pas toujours si simple

À la longe, il existe plusieurs façons de faire changer de direction à un poney. Selon la réaction du poney et son expérience à la longe, tu choisiras celle qui est la plus adaptée.

La façon la plus simple de ralentir un poney pour l'arrêter est de se positionner sur son autre côté et de le faire aller dans la direction opposée. Tu peux également changer de côté en lui faisant faire une pirouette sur les épaules.

Le côté préféré à la longe

Les premières semaines, mon poney n'aimait pas tourner à droite à la longe et venait volontiers vers moi, sur son côté intérieur. Pour que cela cesse, j'ai placé des obstacles à la limite de la piste et levé plus haut la badine. J'ai également veillé à ne pas me positionner trop devant lui et à le féliciter s'il était bien resté sur la piste.

Le changement de direction peut aussi se faire au pas. Le poney doit s'avancer vers le longeur. Pendant que celui-ci rassemble la longe en boucles, qu'il prend la badine dans son autre main et se place sur le côté, il est important qu'il dirige son nombril vers l'arrière-main du poney. Si le poney est à l'extérieur de la ligne de changement, il lâche un peu de longe pour qu'il ait assez de liberté de tête.

Au début, le mieux est de s'exercer à deux. Le partenaire peut alors dire exactement ce qui fonctionne et ce qui ne fonctionne pas.

Améliorer le pas

En dehors de la pirouette sur les épaules et du changement de direction, on peut exercer le pas en lui-même pendant les dix minutes consacrées au pas. Les poneys qui ont tendance à traîner la jambe doivent améliorer leur pas en le rendant plus énergique.

Pour activer le mouvement, le longeur doit se redresser, envoyer un rayon lumineux vers l'arrière-main, utiliser des ordres tels que « En avant » ou « Plus vite » et lever la badine. Le

▼ Lors du travail à la longe avec un caveçon, tu peux changer de direction en faisant faire des arcs de cercle au poney. Au début, s'exercer avec un ami est préférable.

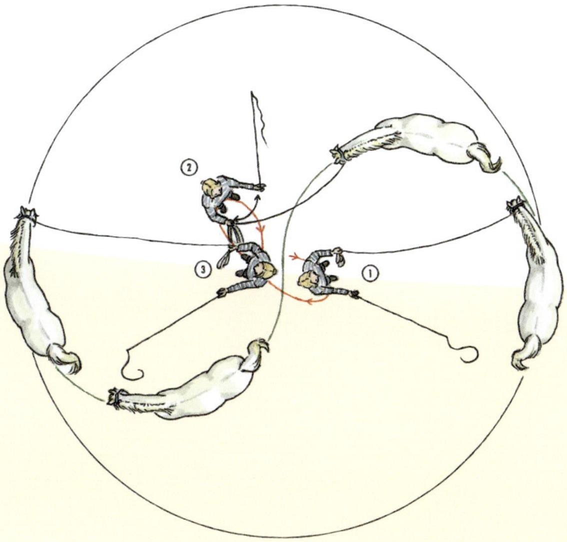

▲ Au début, travaille le galop à la longe avec un adulte habitué, qui montrera la bonne façon de démarrer le galop et d'arrêter.

▲ Avant le galop, raccourcis la longe, comme tu le ferais en selle. Cela signifie pour le cheval : « Attention, il va y avoir du nouveau. »

poney ne doit cependant pas passer au trot, mais rester au pas.

Si le cheval doit être ralenti, la badine doit être abaissée, le rayon lumineux envoyé vers l'avant-main du cheval et l'ordre « Doucement » utilisé.

Trot et galop

On laisse quelquefois les chevaux nerveux faire des pas plus longs ou on leur fait pratiquer des demi-arrêts. Pour les chevaux paresseux, on pratique au contraire un pas plus court. Au trot, on peut aussi changer le rythme. Même si chaque poney ou cheval a un rythme de base différent, le trot de travail n'est pas aussi rapide que le trot moyen. Le trot rassemblé ou le jog de l'équitation western sont plus lents que le trot de travail. Pendant la phase de trot, on peut effectuer deux ou trois changements de main ou de direction. Le galop à la longe ne doit se pratiquer qu'avec des chevaux ou des poneys expérimentés, capables de facilement ralentir l'allure. Le danger est grand de voir un cheval « se faucher » au galop, comme on dit en langage équestre.

▶ **Conseil :** Pour en savoir plus sur le trot, va à la page 96, pour les changements de direction en entraînement libre à la page 55 et pour les changements de main en selle à la page 93.

◄ Recule en tenant la badine baissée. Ton poney s'interrogera : « Puis-je m'approcher ? »

▲ C'est ici qu'on s'arrête ! Aie une attitude corporelle claire ; ton poney s'immobilisera respectueusement et tournera un peu la tête de côté.

Travail en liberté

Le travail au sol ne se fait pas nécessairement à l'aide d'une longe. Il est tout à fait possible de travailler librement avec le poney, ou même plusieurs poneys ou chevaux, à la fois.

Le travail libre est généralement préconisé pour les numéros de cirque tels que la statue ou l'appel ou les exercices libres à la longe. Il renforce la confiance et la compréhension entre l'homme et l'animal. On peut le pratiquer dans la carrière ou au pré quand il s'agit d'exercices pour apprendre au cheval à se cabrer, on peut même, en cas de besoin, faire un travail libre en box.

La plupart des poneys et chevaux apprécient énormément l'entraînement libre quand il se fait dans le respect de l'animal. Ce genre d'entraînement apporte un changement radical par rapport au quotidien et l'animal en a conscience. On apprend à observer le cheval et à s'observer soi-même. Les moindres détails deviennent importants. Quand un poney galope librement pour te rejoindre parce que tu l'as appelé, qu'il s'incurve sans recours à la bride, qu'il lève un sabot à ton signal ou qu'il se laisse attacher après la séance d'entraînement, tu peux légitimement être fier de toi.

Ce dont tu as besoin

Pour l'entraînement libre, le poney porte la plupart du temps un licol. Tu as une longue chambrière, dont tu vas te servir comme le prolongement de ton bras. Grâce à elle, tu peux maintenir le poney à distance, le stopper, le faire aller sur le côté, le faire avancer ou reculer. Pour les exercices libres de cirque, il est conseillé d'avoir avec soi une sacoche contenant des morceaux de carotte ou autres friandises pour pouvoir les donner en récompense

▲ Pour faire approcher ton poney, fais-toi plus petit, abaisse la badine et recule un peu.

▲ Redresse-toi, lève ta badine et ton poney réagira en entamant un galop.

Travail libre dans le pré

Avec ma sœur aînée, nous allons chaque après-midi dans le pré. Dans une brouette, nous apportons des pommes pour les chevaux et nous faisons faire des tours d'adresse aux poneys.
Ils sont capables de faire la révérence ou de rester immobiles pendant des minutes jusqu'à ce qu'on les autorise à courir. Ils viennent à notre rencontre quand nous les appelons et lèvent la jambe vers laquelle nous pointons le doigt.

▼ Ce langage corporel dit : « Approche ». Badine baissée, recule en toute décontraction.

à chaque fois qu'un ordre a été correctement exécuté par le cheval.

Attention !

Au début, l'entraînement libre ne doit pas durer plus de quinze minutes. Au-delà, l'attention et la concentration diminuent, aussi bien pour le cheval que pour le cavalier. Le premier exercice, qui doit durer au moins cinq minutes, est consacré au pas. Attention : même pendant un entraînement libre, tu ne dois pas te placer derrière le cheval ! Il pourrait ne pas te voir et ruer s'il a peur.

◀ Le poney suit les deux cavalières qui marchent d'un pas énergique. Il semble un peu triste. Il arrive que le poney suive volontairement ses maîtres à la fin d'un entraînement libre.

▼ La badine dressée, fais énergiquement avancer le poney vers l'extérieur. Ton nombril doit être dirigé vers l'arrière-main de l'animal.

Le triangle magique

En entraînement libre, tout comme lors du travail standard à la longe, on décrit un triangle. Les côtés de ce triangle doivent être suffisamment longs. Une distance minimale avec le cheval doit être maintenue.

Pendant l'entraînement libre, il est important que tu protèges ton espace et que tu veilles aux distances. Selon la direction à laquelle ton nombril fait face, tu inciteras le cheval à avancer (nombril vers le postérieur du cheval) ou à ralentir (nombril vers le front).

Dans certains cas, tu dois renforcer cette position. Par exemple, pour ralentir le cheval, tu es parfois obligé de tourner clairement devant sa tête en brandissant le bras et la badine. Il est possible que tes mouvements et ton attitude aient été trop énergiques. Le poney se laisse fortement influencer par ton énergie.

Plus ou moins d'énergie

L'entraînement libre ne signifie pas que le cheval tourne en rond jusqu'à ce qu'il soit couvert de sueur. Seul le pas est adapté à ce genre de

Le langage des chevaux

Je m'intéresse beaucoup au langage des chevaux. Avant d'avoir été désarçonnée, j'ai vu mon poney lever la tête haut et retrousser les lèvres. Il m'a dit à sa manière que quelque chose n'allait pas pour lui, mais malheureusement je n'ai pas compris. Il est important d'écouter les chevaux. Ils nous parlent avec leur propre langue !

◀ Après avoir arrêté ton poney, demande-lui de passer de main gauche à main droite. Sur la photo, il tourne la tête vers l'extérieur.

▲ Si tu adoptes une attitude amicale, tout en reculant, ton poney répondra à ton invitation, comme s'il était relié à un fil invisible. Et tu n'auras prononcé aucune parole !

Tenir ses distances

De nombreux poneys sont très familiers et ne prennent pas de distance par rapport aux êtres humains.
Si le poney s'approche trop près de toi, tu peux le tenir à distance en utilisant les mêmes signaux que ceux utilisés pour le faire avancer : paraître plus grand (bomber le torse), agir énergiquement et utiliser la badine comme extension du bras.

▶ Fais se diriger ton poney vers la droite, en s'approchant de lui de quelques pas et en pointant la badine vers sa joue gauche.

travail. Tu dois toutefois savoir que certains poneys aiment commencer par décrire des cercles autour des gens.

Pour arrêter au pas ou au trot, dirige le nombril pour envoyer un rayon lumineux devant la tête de l'animal. En même temps, expire, avance les épaules et tasse-toi un peu. Quand le cheval s'arrête, tourne-toi légèrement sur le côté. Dans le jargon de certains entraîneurs, ce mouvement d'éloignement par rapport au cheval est appelé « suppression d'énergie ».

De façon inverse, tu actives l'énergie du cheval en dirigeant ton nombril vers l'arrière-main. Bombe alors le torse, inspire, marche d'un pas énergique derrière le cheval et tends le bras. Si cela ne suffit pas, expire, puis inspire à nouveau plus profondément et brandis la badine avec plus d'insistance. Là encore, place-toi immédiatement sur le côté quand le cheval réagit au signal. C'est de cette façon que tu lui indiqueras qu'il a bien réagi.

Changements de direction

Au cours d'un entraînement libre, le poney doit également changer de temps en temps de direction. Si, au début, il décrit des cercles vers la gauche, positionne-toi de façon que le rayon lumineux émanant de ton nombril soit envoyé devant lui. Pour renforcer l'ordre, pointe le bras tendu dans la même direction, c'est-à-dire devant le cheval. Pour ce faire, le mieux est de prendre la badine dans la main gauche avant d'envoyer le signal.

Si tout a été fait correctement et que le cheval comprend ce que tu désires, il tourne la tête vers la clôture et son corps se dirige vers la droite.

En selle

Apprendre à monter à cheval est un peu comme apprendre à danser avec un partenaire dont on ne parle pas la langue. Les pas paraissent simples. On s'imagine pouvoir les reproduire facilement. Pourtant, quand on essaie, on se rend compte que c'est nettement moins évident et on se demande pourquoi tout le monde rit.

Il existe des moments où la compréhension entre ton cheval et toi est quasi parfaite, comme s'il était capable de lire dans tes pensées. Pour la plupart des cavaliers, ces moments sont la justification de la pratique de l'équitation.

Apprendre à monter consiste à rechercher un lien harmonieux avec un partenaire à quatre jambes. Pour l'atteindre, il faut ressentir l'autre et être capable de le comprendre. Ce n'est pas si difficile !

Tu vois ici tout l'équipement du cavalier : casque, gilet de protection, gants, mini-chaps, bottes. Le poney porte quant à lui un filet, une selle, des guêtres et un tapis de selle. Tous deux dégagent une énergie qui fait plaisir à voir.

Tenue de concours : culotte d'équitation, chemise blanche et gants blancs. Pas besoin de plastron ni de veste de concours.

Équipement : pratique et résistant

Comme tous les sportifs, le cavalier doit trouver quelle tenue convient le mieux à la pratique de son sport. Une fois celle-ci trouvée, il est sûr qu'il n'en changera pas.

Casque ou bombe

Un bon casque, ou une bombe, est indispensable pour tout cavalier car il protège la tête en cas de chute. Tout comme les casques de cycliste et ceux utilisés pour le ski, les bombes d'équitation ont toutes été testées pour leur sécurité et sont sans cesse améliorées. Même les meilleurs cavaliers peuvent tomber de leur monture. Certains centres équestres proposent même d'apprendre à tomber de cheval.

Bottes ou chaps

Quand on monte à cheval, des chaussures solides sont indispensables. Elles doivent bien maintenir le pied. Les chaussures de sport habituelles ne sont pas suffisantes. De nombreux cavaliers préfèrent porter des bottes.

Culotte

La culotte d'équitation ne doit être ni trop étroite ni trop ample. Le choix entre un jodhpur taillé ample ou un modèle plus moulant est une affaire de goût. Le cuir permet d'adhérer à la selle, ce qui est un avantage certain.

Gilet de protection

Autrefois, on ne le portait que dans les concours complets. Il protège la nuque, le dos et les côtes du cavalier en cas de chute. L'inconvénient est qu'il peut contraindre un peu les mouvements. Certains chevaux réagissent fortement à l'attitude un peu figée du cavalier. Les gilets de protection portés pour les concours complets sont certes chers, mais ils sont pratiques et permettent une réelle liberté de mouvement.

À la fin de l'automne et en hiver, la nuit tombe tôt. Afin d'être vus au crépuscule, les cavaliers sur cette photo portent des gilets de sécurité, des guêtres réfléchissantes, des lampes fixées sur le casque et des couvertures fluo.

Cette cavalière porte un casque et un gilet de protection. En cas de chute, le gilet protège le dos et les côtes. Son gilet ne gêne pas ses mouvements.

On peut ici admirer la « mode équestre » de différents jeunes cavaliers. Bottes, chaps, jodhpurs, protège-cuisse. L'important est le confort.

Sans gilet

Quand je suis montée pour la première fois sur mon jeune Halflinger avec mon gilet de protection, il s'est mis à courir en tous sens et à ruer. C'était la quatrième ou cinquième fois qu'il était monté. Auparavant, je n'avais jamais porté de gilet. J'avais l'impression qu'il ruait contre le gilet.
Quand je l'ai enlevé, il a arrêté de se comporter bizarrement. Depuis lors, il n'a jamais plus rué.

Gants

En hiver, peu de cavaliers renoncent à porter des gants chauds. En été aussi, les gants permettent d'éviter les cloques, notamment quand on doit sans cesse tirer sur les rênes pour empêcher le poney de manger de l'herbe.

Badine

La badine facilite les activités équestres. Les jeunes chevaux, par exemple, ne comprennent pas encore les signaux donnés par la jambe du cavalier. Ils réagissent davantage au contact de la badine. La badine ne doit pas être trop longue pour ne pas gêner le cheval.

◂ Si ton poney est sensible du dos, veille à bien poser la peau de mouton. Tire-la bien au-dessous de la selle.

▾ Pose d'abord la selle vers l'avant, sur la nuque, puis tire-la en direction du tapis jusqu'à ce qu'elle se cale parfaitement. Finalement, vérifie si la couverture est bien posée.

Selles et brides

Le licol et la trousse de nettoyage, une selle appropriée et un bridon adapté appartiennent à l'équipement de base de tout cavalier. Il existe de nombreux types de selles. Les chevaux islandais se montent, par exemple, avec une selle plate islandaise. Les cavaliers de style western choisissent différents types de selles western.

Les professionnels des sports équestres ont créé des selles différentes pour chaque discipline. Les selles de saut ont une forme différente de celles des concours de dressage, car le cavalier doit plier les jambes plus fortement pour le saut. Les selles pour les concours complets doivent quant à elles convenir au saut, au dressage et aux disciplines d'extérieur.

Au final, peu importe la selle choisie. Le plus important est qu'elle convienne parfaitement au cavalier, et surtout au cheval.

La contrainte de la sangle

Au début, mon poney mordait quand il était sellé. Nous avions commis l'erreur de sangler trop tôt la selle. Pendant une semaine, nous avons posé la selle tout en le nourrissant et en le massant. Par la suite, nous avons continué à le nourrir au moment de le seller pour qu'il associe la selle à quelque chose de positif. Nous avons fixé la sangle le plus délicatement possible.
Il ne mord plus, mais nous le nourrissons encore quand nous le sellons. La sangle est fixée lentement pour ne pas lui faire peur.

Sangle la selle de telle sorte qu'elle n'irrite pas. Tu ne dois pas la serrer trop brusquement. Les étriers doivent être descendus le long des étrivières jusqu'à la longueur d'un bras tendu.

Selle de saut

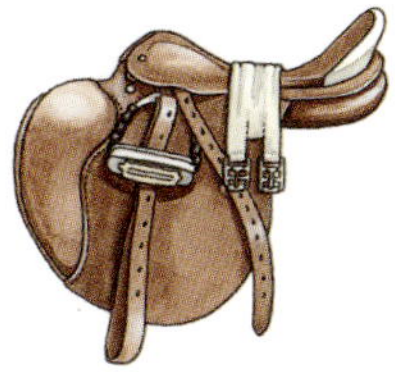

Selle de dressage

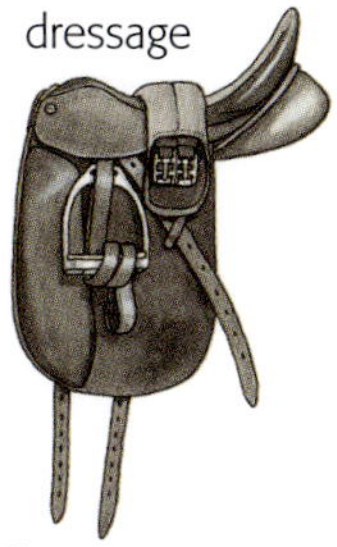

Les selles de saut ont des renflements sur le devant. Les cavaliers de dressage ont besoin d'un autre type de selle car leur position est différente. La selle western ne convient pas pour le saut, mais pour les randonnées.

Selle western

Selle pour concours complet

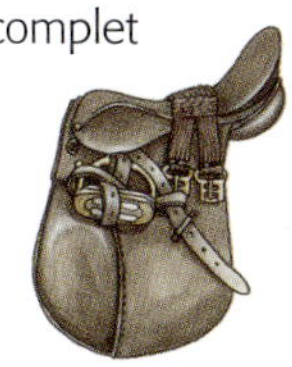

Ton poney doit ouvrir la bouche pour le bridon. Effleure délicatement ses oreilles sous les courroies et veille à ne pas tirer le bridon sur les yeux.

Pose de la selle

Seller un cheval se fait par étapes. Après le premier sanglage, elle ne doit pas glisser sous le ventre, mais pas non plus être fixée trop fort. Le mieux est de sangler à plusieurs reprises pendant les cinq premières minutes, un ou deux crans à la fois, alternativement à gauche et à droite, tout en faisant avancer le cheval. Pendant les premiers pas, remonte encore d'au moins un cran.

La plupart des chevaux se gonflent, ce qui veut dire qu'ils font des réserves d'air pour que le cavalier ne puisse pas fixer trop rapidement les sangles. Mesure de précaution pleine de ruse !

La selle et les sangles s'entretiennent avec de la graisse pour cuir pour qu'elles restent bien souples. Mais il n'est pas facile d'utiliser une sangle juste après le graissage.

◀ Au début, si ton poney est un peu nerveux quand il s'approche du marchepied, fais-le passer plusieurs fois à côté pour qu'il s'y habitue.

▲ Les cavaliers des Pony Games ont une allure dynamique au galop.

Monter sur le cheval

Une question de hauteur !

Pour monter sur un cheval, utiliser un marchepied est conseillé. Il a été prouvé que monter systématiquement à partir du sol pouvait endommager le dos du cheval et la selle. Tous deux sont alors de guingois. Cependant, il peut arriver que la seule solution consiste à monter sur le cheval à partir du sol, par exemple en pleine nature, quand aucune grosse pierre ou petite surélévation n'est disponible.

Pas de pause !

Quand tu descends de cheval, retire les deux pieds des étriers avant de passer le pied droit au-dessus de la selle. Un arrêt avec le pied gauche dans l'étrier, comme font certaines personnes, est éprouvant pour le cheval et la selle. De plus, cela peut être dangereux pour le cavalier.

En selle !

Pour s'asseoir sur la selle, saisis d'abord les rênes avec la main extérieure, c'est-à-dire celle la plus éloignée du cheval. Si tu montes par la gauche, ce sera la main gauche. Les rênes doivent être suffisamment longues, ce qui veut dire qu'elles ne doivent ni pendre ni tirer sur la tête du cheval. Le regard doit se porter sur l'oreille droite ou extérieure du cheval.

Quand ta main gauche tenant les rênes s'accroche à la crinière, glisse le pied gauche dans l'étrier gauche et passe la jambe droite au-dessus de la selle. Ton bras droit suit le mouvement et ta main saisit l'autre côté de la selle.

Expire énergiquement et pose-toi sur la selle tout en douceur. La direction de ton regard est toujours la même : l'oreille droite ou extérieure du cheval. Se poser tout en douceur signifie que tu ne dois pas te laisser tomber sur la selle. Ce n'est qu'ainsi que le dos du cheval peut recevoir tout ton poids.

Tu peux encore resserrer la sangle d'un cran, car souvent le cheval n'expire que lorsque le cavalier est bien en selle. Il essaie ainsi de lutter contre un sanglage trop rapide.

▲ Prends la rêne gauche, puis agrippe le devant de la selle avec les deux mains avant de te poser sur celle-ci. Pour finir, glisse le pied dans l'étrier droit.

▼ Même pour monter à cru, utilise un marchepied. En plus des rênes, agrippe la crinière de ton poney. En te posant sur la selle, regarde ses oreilles.

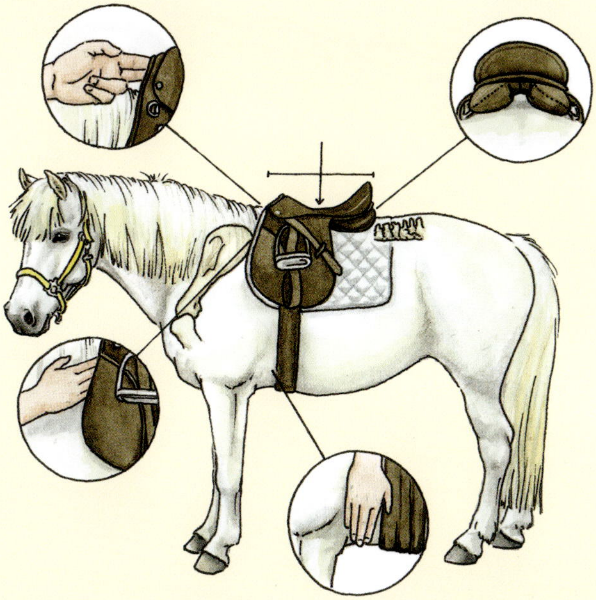

▲ Les principaux points d'une vérification de selle : Quand le cavalier est en selle, on doit pouvoir passer quatre doigts d'enfant (deux d'adulte) entre la selle et la peau au niveau du garrot. La selle doit être bien horizontale et ne provoquer aucune gêne. Si on radiographiait la colonne vertébrale de la monture, on remarquerait que, derrière la selle, il reste un espace d'au moins la largeur de la main jusqu'à la pointe de la hanche. La main aplatie doit pouvoir passer entre le tapis et le quartier de la selle. Entre le coude et la sangle, il doit y avoir une largeur de main.

Vérification de la selle

Comment peux-tu vérifier si ton poney a été bien sellé ? Quand tu passes la main sous le quartier de la selle, rien ne doit coller ou obstruer. Entre la selle et le garrot, tu dois pouvoir mettre quatre doigts. C'est ce qu'on appelle la liberté de garrot.

Quand tu poses une main à l'endroit de la liberté de garrot (pommeau) et l'autre sur le troussequin et que tu appuies vers le bas d'une main puis de l'autre, la selle ne doit pas basculer, mais rester bien en place. La selle doit être horizontale. La sangle doit être placée à une largeur de main derrière le coude et la selle ne doit pas être éloignée de la pointe de la hanche de plus de la largeur d'une main.

N'hésite pas à demander au cavalier qui te suit pendant ta leçon d'équitation si ta selle glisse ou si elle exerce une pression sur la colonne vertébrale du cheval quand tu tournes.

Rappel : Avant la mise en selle, sangle à nouveau. Après être descendu de cheval, n'oublie pas de désangler.

◀ Seul le vol de l'oiseau est plus beau.

▼ Sauter procure un énorme plaisir. Cela demande bien sûr de l'entraînement. L'équilibre doit être parfait.

Bien se tenir en selle

Comme pour le vélo, un bon sens de l'équilibre est nécessaire en équitation. Le cycliste comme le cavalier sont en mouvement. Contrairement au vélo, le cheval ne tombe pas quand on n'arrive pas à maintenir l'équilibre. Il compense à chaque foulée le manque d'équilibre de son cavalier, et c'est très contraignant pour lui.

Une autre chose différencie le cheval du vélo. L'animal a sa propre volonté. Quand il voit à droite un objet qui le perturbe, il se déporte sur la gauche. Il peut aussi lui arriver d'accélérer et de s'arrêter. Pour pouvoir accompagner et gérer tous ces mouvements, tu dois posséder un bon équilibre, ce qui implique une bonne position en selle.

Quand au début tu partiras au trot ou au galop, tu glisseras sur la selle. Quand tu seras plus entraîné, tu parviendras à rétablir ton équilibre si le poney s'arrête brusquement ou s'il part soudain sur le côté.

Équilibre et poids

Au cours de l'apprentissage du cheval, on lui a enseigné une série de signaux auxquels il sait réagir. Quand tu te tournes vers la gauche, le cheval sait qu'il doit aller à gauche. Si tu appuies le genou contre la selle, le cheval freine.

Normalement, le cavalier est décontracté, bien droit en selle et regarde vers l'avant. Les épaules, les hanches et les talons sont plus ou moins alignés. Les coudes sont pliés, les mains à quelques centimètres au-dessus du garrot.

Lors d'un saut ou d'un galop rapide, les fesses se soulèvent de la selle, le corps se penche vers l'avant et les deux mains sont appuyées de chaque côté du bord supérieur de l'encolure.

▲ Ce poney franchit un obstacle au sol. Il n'est pas très expérimenté en saut. Sa cavalière suit bien le mouvement.

▼ Ce cavalier travaille avec des rênes longues. Son maintien est droit et décontracté. Il dirige son poney uniquement avec son poids et ses jambes. Ce dernier est attentif et avance de bonne grâce.

▶ Le « sac de pommes de terre » est un exercice qui détend les épaules et la nuque tout en maintenant l'équilibre du buste.

Mouvements croisés

De nombreux exercices ont pour but de trouver ou d'améliorer l'équilibre sur la selle. La plupart d'entre eux sont à base de mouvements croisés. Certains autres aident à décontracter les épaules ou à rétablir l'équilibre quand le corps est trop fortement penché vers l'avant ou sur le côté. D'autres aident à trouver une bonne position pour les jambes, quand par exemple on les crispe trop ou quand on glisse vers l'arrière ou l'avant.

« C'est en pratiquant qu'on devient cavalier. » Cela n'est que partiellement vrai. Les sports de combat, le surf, le ski, le foot ou la danse peuvent également servir au cavalier.

▶ **Conseil :** À la page 76, tu apprendras comment diriger ta monture sans rênes, uniquement avec ta position sur la selle.

▶ Pour entamer un tournant à gauche, tiens-toi bien droit et regarde vers la gauche, ce qui incite le poney à tourner à gauche. Les oreilles de ce poney sont dirigées vers la cavalière : il l'écoute.

◀ Avant de manier les rênes à cheval, ce type d'exercice à deux peut t'être très utile. Imagine que tes mains sont la bouche du cheval. Que ressens-tu ?

▶ Voici pourquoi tu dois toujours être très prudent en maniant les rênes. Le mors, qui est le plus souvent en métal, repose directement sur la langue du poney, à un endroit très sensible.

Les rênes

Les rênes sont en quelque sorte le téléphone grâce auquel on communique avec l'animal. Leur extrémité est reliée à une pièce métallique, le mors de filet, située dans la bouche du cheval. Chaque petit mouvement que le cavalier produit en selle se répercute ainsi à cet endroit, très sensible pour le cheval.

Les rênes sont généralement en tissu ou en caoutchouc. Comme elles sont dures, certaines sont garnies d'arrêtoirs en cuir pour qu'elles ne blessent pas la main.

En mains

Tiens les rênes entre le quatrième et le cinquième doigt et bloque-les entre le pouce et l'index. Les deux pouces forment une sorte de toit sur les rênes. Relâche les épaules, plie les coudes et tiens les mains dans l'alignement des avant-bras.

Abandonner les rênes

La longueur des rênes dépend du niveau d'éducation du cheval et du type de manœuvre ou d'exercice pratiqué.

Lors d'une phase d'échauffement au pas, les rênes sont longues. Pour commencer un exercice, ajuste les rênes et tends-les jusqu'à ce qu'elles soient presque droites. Tu les raccourciras ensuite petit à petit pour les exercices de flexion et de galop.

Toutes les dix minutes environ, mène ta monture au pas et allonge les rênes pour lui donner la possibilité de pencher la tête plus en avant. Tu peux remercier le cheval de cette façon après un exercice qui a été particulièrement réussi. Les « tours de remerciement » ont également pour fonction de soulager la musculature du cheval.

▲ Tes poings sont bien droits, les pouces formant un toit. Imagine que les rênes sont des poussins que tu ne dois pas laisser échapper, mais pas non plus étouffer.

▲ Un pont de rênes stabilise les mains. Il est conseillé en cas de mains nerveuses, de chevaux impétueux ou lorsque tu veux adopter une attitude décontractée.

La bonne longueur

Mon professeur d'équitation insiste régulièrement sur la longueur des rênes, qui doit être suffisante. Il est primordial de toujours conserver le lien avec le mors et de pouvoir de cette façon continuer à contrôler la nuque.

▲ Des jeux comme la corde tendue améliorent la prise en mains. Ci-dessus : Ce cavalier a fière allure : son avant-bras et la rêne forment une ligne droite impeccable.

Après ce tour de remerciement, saisis à nouveau délicatement les rênes pour effectuer l'exercice suivant. Un petit tour avec des rênes longues ne fait pas seulement du bien au cheval, mais aussi au cavalier.

▶ **Conseil :** Pour en savoir plus sur la phase de décontraction, va à la page 82.

◄ Cette incitation à avancer est très directe et peut occasionner une réaction vive, notamment un recul. Le cavalier doit recourir à des incitations plus subtiles.

▲ Les cinq cavaliers ne se contentent pas de donner des ordres à leurs chevaux, ils doivent également maintenir distance et rythme. Ils s'observent mutuellement. Vois leur maintien !

Les aides

Les signaux que le cheval reçoit ne se résument pas aux aides associées aux rênes, aux mouvements de jambes et au poids. Le cheval n'analyse pas chaque aide séparément, mais il essaie de comprendre toutes les aides en même temps. Pour cela, il faut que les aides soient cohérentes, c'est-à-dire qu'elles disent la même chose. L'objectif du professeur d'équitation est d'apprendre à ses élèves à comprendre comment tous ces signaux s'accordent.

Si le cavalier n'est pas très précis dans ses aides, le cheval se repliera sur l'ordre qui lui paraît correspondre le plus aux aides utilisées. Ou alors, il fera tout simplement ce qui lui plaît ou ce qui est le plus facile pour lui.

Il arrive que le professeur dise que les rênes sont les freins et les jambes l'accélérateur, formule plaisante qui a du vrai.

Ralentir ou accélérer

Pour ralentir, dans le but de s'arrêter, ferme tes doigts sur les rênes, coudes légèrement inclinés vers l'arrière. Appuie également le genou contre la selle, place-toi plus profondément en selle et expire. Pour accélérer, serre les jambes

Langage du cavalier

- La transition descendante est une expression qui signifie ralentir l'allure ou arrêter le cheval.
- L'impulsion est l'aide pour accélérer l'allure du cheval.
- L'incurvation est le fait de tourner ou de négocier un angle.

◂ Au galop, prépare le prochain saut et donne les aides nécessaires à ton poney grâce à ton attitude corporelle. Cela nécessite un minimum d'entraînement !

◂ Ralentir, puis arrêter sa monture, c'est le but !

▲ Plus d'énergie au trot : fais avancer ton poney par une pression du mollet et cède avec les mains, afin que l'animal allonge le pas. Les postérieurs s'engagent davantage sous la masse.

▲ Ce cavalier décrit une volte. Observe le maintien de son buste tandis qu'il tourne. Il regarde vers l'intérieur et son épaule intérieure part un peu en arrière. Son poney l'écoute et tourne avec grâce.

contre le ventre du cheval et pousse légèrement avec ton assiette, comme si tu voulais soulever le ventre du cheval.

Tourner et s'incurver

Si tu décides de changer de direction, tourne-toi en selle dans la direction souhaitée. Pour tourner à gauche, recule un peu l'épaule gauche, tandis que ta main gauche est également un peu plus près du ventre que la droite.

Ta jambe gauche reste serrée contre le cheval. Ta jambe droite veille à ce que le cheval puisse tourner correctement. Elle sera donc plus en arrière que la jambe gauche.

Aide par la voix

Même si cela n'est pas autorisé pendant les exercices, de nombreux cavaliers ont appris des mots à leur monture : « Au pas », « Au galop », « Super », etc. Tous les chevaux connaissent ce genre de signaux et, si le cavalier les utilise à bon escient, ils y répondent positivement.

Les mots servant à féliciter le cheval sont très utiles s'ils sont appropriés et donnés au moment opportun. Du moins quand on s'en sert, mais c'est souvent le cas, non ?

▸ **Conseil :** Pour les tournants ou le slalom, va à la page 73.

Dès le plus jeune âge, le poulain fait des exercices de souplesse. La série d'exercices visant à améliorer l'assiette se poursuit sur les pages suivantes.

Pendant le travail à la longe, tu peux fermer les yeux et ainsi ressentir les mouvements d'une manière différente et plus intense.

Exercices en selle

Aucun cavalier, même pas un champion olympique, ne devrait renoncer au plaisir de se laisser aller sur un cheval calme mené à la longe.

C'est l'occasion de te concentrer sur les mouvements du cheval. Que ressens-tu quand l'antérieur extérieur se porte vers l'avant ? Et quand le postérieur extérieur fait de même ? Avec l'aide de la personne qui tient la longe, tu connaîtras le déroulement des mouvements. Par la suite, tu seras plus apte à déterminer le moment de commencer un trot ou d'appuyer la jambe pour changer de direction.

Échauffement

L'entraînement à la longe est idéal pour différents types d'exercices de position en selle.

Pour t'échauffer, prends ton pied droit avec ta main gauche pendant que le cheval est à l'arrêt, puis fais l'inverse. Après quelques répétitions, lève haut le genou et pose ton coude droit sur le genou gauche, et vice-versa. Par la suite, fais au moins la première partie de l'exercice avec le cheval au pas.

Détendre les épaules

Y a-t-il quelqu'un derrière toi ? Regarde à droite et à gauche par-dessus ton épaule. Si tes bras accompagnent le mouvement, l'ensemble des muscles de ton épaule en bénéficiera. Tu les décontracteras.

Dos et jambes

Quand le cheval avance au pas, s'affaisser en selle comme un sac de pommes de terre est agréable. Tu peux également te laisser secouer de la même façon au trot. De retour au pas, le « sac » peut se transformer en « girafe » qui suit les mouvements du cheval. Pendant quelques

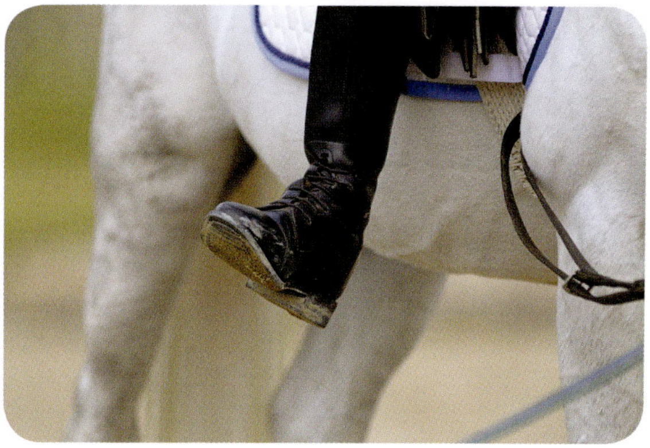

▲ Tends alternativement vers la droite et la gauche les mains croisées au bout des bras tendus. Cela est tout aussi difficile que le croisement des pieds.

▲ Tous les mouvements qui t'obligent à croiser la ligne médiane du corps avec les mains ou les jambes sont très recommandés pour l'échauffement.

▼ Fais du vélo à cheval, ce qui n'est pas une mince affaire !

▲ Fais l'exercice du « moulin » en te retournant sur la selle. Cela n'est possible qu'avec un cheval calme qui n'a pas le dos sensible.

instants, laisse deux des longues jambes de la girafe se transformer en cinquième et sixième jambes du cheval. Puis croise-les pour décrire des huit à côté du cheval et transforme-les ensuite en pédales de vélo.

Pour finir, quelques cercles effectués au trot enlevé aident à décontracter l'ensemble du corps.

Cet exercice pratiqué par le poulain n'est pas à la portée de tous. Un très jeune poulain ne cherche pas encore dans cette situation à maintenir son équilibre.

Ce jeune cavalier décrit avec sa jument anglo-arabe des tournants parfaits avec la cordelette. Observe qu'il se sert plus de la cordelette que de son propre corps.

Une question d'équilibre

La meilleure assiette est celle qui correspond à ton équilibre personnel. Mais comment le trouver sur un cheval en mouvement ?

Les corrections d'assiette et les nombreux conseils ou ordres de ton professeur d'équitation doivent t'aider à trouver ton équilibre personnel.

Exagérer les erreurs de maintien

Les cavaliers débutants qui n'ont pas encore trouvé leur équilibre à cheval placent souvent leurs bras ou leurs jambes trop haut et basculent avec leur buste vers l'avant ou l'arrière. Ou alors, ils tendent les bras en avant ou se tassent quand la force leur manque.

Par égard pour le cheval, évite de reproduire les fautes des débutants qui consistent à s'agripper aux rênes ou à plaquer fortement la jambe contre le ventre du cheval. Mais toutes les autres mauvaises positions peuvent être essayées et exagérées. Au final, le corps en aura un grand choix. De cette façon, tu trouveras plus facilement l'équilibre idéal.

À la longe, pose la badine sur tes mains tendues et maintiens-la en équilibre pendant que le cheval avance au pas. Pas si simple que cela en a l'air. Cela est-il possible au trot ou à l'arrêt ? Tes mains doivent être détendues.

Avec une main sur le sternum et l'autre sur le bas du dos, imagine que ton corps peut s'étirer. Joue avec l'espace compris entre tes mains comme s'il s'agissait d'un accordéon.

La plupart des cavaliers, même les plus expérimentés, ont tendance à se tenir un peu de travers. C'est à éviter.

Affaisse-toi comme un sac. Dans cette position, tu sens davantage les mouvements du cheval. Essaie cette position, puis redresse-toi.

Le fait de passer les bras autour du poney constitue un excellent exercice d'équilibre. Tu peux le pratiquer à l'arrêt ou au pas.

Les tournants

- Les tournants sont des exercices d'étirement.
- Longer un coin revient pour un cheval à s'incurver en tournant.
- Progression : Négocie les plus grands tournants au début de l'heure d'entraînement, puis continue avec les tournants plus serrés.

Exagérer les tournants

Les tournants ou le slalom au pas avec des rênes longues ou abandonnées servent également à travailler l'équilibre, surtout si tu négocies ces tournants en les exagérant un peu. Si tu tournes à gauche, regarde également à gauche en tournant légèrement la tête. Ton épaule gauche part un peu en arrière, ce qui rapproche ta main gauche de ton nombril. Lors d'un tournant vers la gauche, ton genou droit s'abaisse un peu et ta jambe droite part un peu en arrière. Ta jambe gauche est plaquée contre le ventre du cheval.

Si tu utilises la cordelette, ne tire pas sur celle-ci, mais fais participer pleinement le corps au tournant. Si ton cheval et toi êtes habitués aux tournants, réalise un slalom sans rênes.

◀ Avec une longe attachée au licol pour remplacer les rênes, tu ne peux pas faire de mal au cheval. Tu peux même t'asseoir à l'envers !

▶ Combien y a-t-il de façons de monter un cheval ? Quelle jambe doit être en avant ? Comment puis-je arrêter un cheval sans rênes ? Que de questions !

Monter à cru

Monter à cru aide les cavaliers, qu'ils soient débutants ou confirmés, à améliorer leur assiette. De plus, il est agréable de sentir la chaleur de la peau et tous les mouvements du cheval.

Au pas, tu sens le ventre du cheval aller de gauche à droite contre tes jambes. Son dos se soulève et s'abaisse. En montant à cru, tu peux plus facilement entourer son encolure de tes bras que si tu étais sur une selle.

Un été sans selle

Mon professeur m'a conseillée de monter souvent à cru. Pendant un été, je n'ai pas utilisé de selle, ce qui ne m'a pas empêchée de galoper. Par la suite, j'ai pu boucler mes étriers à la bonne longueur et j'ai moins relevé les jambes. Même en hiver, j'aime monter à cru. Je ressens alors la chaleur de mon poney.

Utilise un marchepied !

Comment monter sur le dos du cheval sans selle ? Nous te déconseillons de t'exercer à te hisser sur son dos. Seuls des danseurs et sportifs expérimentés parviennent à se hisser sur le cheval du premier coup sans pour autant lui faire peur. Il est préférable de recourir à un marchepied.

En arrière, en avant, trot et galop

Monter à l'envers, c'est-à-dire en regardant la queue du cheval, est une expérience originale. Quelqu'un doit alors absolument guider le cheval avec une longe.

Tu peux partir au trot sur le long côté du terrain et repasser au pas avant d'atteindre le coin. Le galop sans selle est une expérience unique dont rêvent la plupart des cavaliers dès leur première leçon d'équitation. Le meilleur galop est quand le cheval est capable de passer directement du pas au galop et inversement. Les chevaux moins bien bâtis ou les jeunes montures passent souvent du trot au galop. Leur trot devient alors de plus en plus rapide. Sans selle, la sensation n'est pas très agréable.

▲ Sans selle, mais toujours avec un casque : ce sont les règles du jeu. Vois-tu les reflets laissés par la pluie sur la robe ?

▲ Tout un quadrille qui monte à cru. Les chevaux évoluent au son de la musique, ce qui rend encore plus agréable le contact avec leurs dos !

Tant que tu n'es pas habitué à monter à cru, il vaut mieux que tu le fasses sur une piste. Tu pourras glisser sans problème du dos du cheval et remonter facilement à l'aide du marchepied.

▶ **Conseil :** Pour le galop, va à la page 100.

Le dos du cheval

La forme du dos peut être très différente d'un poney à l'autre. Monter à cru peut dès lors être désagréable. Au moment de monter, fais attention à la colonne vertébrale du poney, qui est sensible.

▼ Après une longue phase de trot, tout le monde se repose au pas.

◀ De nombreux poneys et chevaux ont fière allure quand ils sont menés avec une cordelette. Aussi libres que des chevaux sauvages !

▼ Cette cavalière montre à son poney comment fonctionne une cordelette. Si elle la soulève, il doit rester immobile. Il paraît évident que le cheval espère une friandise.

Cordelette

L'équitation en toute liberté

L'équitation à la cordelette constitue une autre possibilité de vivre une expérience d'un nouveau genre. C'est un réel plaisir ! Afin que personne ne soit blessé, cette technique doit être pratiquée dans un enclos clôturé. Si d'autres chevaux ou poneys sont présents, ils doivent se connaître parfaitement et avoir l'habitude de se trouver ensemble dans le pré.

Pour que la cordelette soit efficace, elle doit être associée au bridon. Pour arrêter ou tourner, prends les rênes dans une main et la cordelette dans l'autre.

Préparation au sol

Pas besoin de monter le cheval pour lui apprendre à s'arrêter quand tu soulèves la cordelette. Au début, tu peux le faire au sol. À l'arrêt, place la cordelette sur la partie supérieure de l'encolure. Pour arrêter le cheval, procède comme avec une rêne : prends et relâche la cordelette, et recommence l'opération jusqu'à l'arrêt du cheval. Comme avec les rênes, ce n'est pas parce que tu tires fort que le cheval

Action ! Aventure !

Avec les chevaux, j'aime bien faire des choses différentes. Ce que je préfère, c'est galoper. Dans l'enclos, je joue aux cow-boys et aux Indiens. Je m'imagine conducteur de diligence, je fais faire des sauts à ma monture et je m'entraîne avec une cordelette. J'ai récemment acheté une cordelette à une fête hippique. Une fois par an, je participe à un camp de jeunes. L'année dernière, nous avons tenté le foot à cheval !

▲ C'est comme ça que ça marche ! Manier la cordelette, ça s'apprend.

◀ Cette cavalière fait slalomer son cheval à l'aide d'une cordelette. En cas de besoin, et parce que l'enclos n'est pas clôturé, le cheval porte aussi un bridon. Pour s'exercer à tourner, la cordelette est idéale.

◀ Parfois, tu devras te montrer persuasif pour que ton cheval franchisse l'obstacle. Ici, la cordelette est encore tirée vers la droite, mais maintenant elle peut être relâchée.

▼ Félicite ta monture si elle a bien obéi aux signaux donnés avec la cordelette.

s'arrêtera plus rapidement. La trachée du cheval, située sous la peau au niveau du haut de l'encolure, est très sensible et elle ne doit pas être comprimée.

Petites aides

Pour tourner à gauche, la cordelette est en contact avec le côté droit de l'encolure. Et inversement pour tourner à droite. Ce genre d'exercice peut d'abord être pratiqué au sol.

Les aides avec la voix et le poids sont utiles pour mieux faire comprendre les signaux de la cordelette au cheval. Si au début le cheval a des difficultés à comprendre, soit utilise à nouveau le bridon, soit procède avec la cordelette d'avant en arrière avec des mouvements ondulants. De cette façon, le cheval comprendra vite les nouvelles aides.

Appuyer sur la cordelette de tout son poids pour diriger le cheval à droite, à gauche ou en arrière, ou pour le stopper, n'est pas une technique efficace. Pour ce qui est de la force, le cheval nous est nettement supérieur.

Pour certains chevaux et pour les randonnées dans la nature, associer la cordelette au bridon est recommandé. De cette façon, le cheval comprendra mieux les décélérations et les mouvements de bascule.

▶ **Conseil :** Les aides habituelles pour l'arrêt et les tournants sont décrites aux pages 88 et 92.

◄ À l'intérieur d'un groupe de chevaux, il existe aussi des règles. Cette invitation à jouer est, par exemple, autorisée entre individus du même âge. Un étalon dominant ne mordrait jamais un poulain dans le cou.

▲ Les enfants ont placé leurs poneys à une certaine distance les uns des autres et se préparent à monter.

Les règles en carrière

Dans la plupart des centres équestres, le cours se passe en reprise. Cela signifie que les poneys et leurs cavaliers se suivent en file. Le professeur se tient au milieu et donne des conseils aux cavaliers pour corriger leur position ou améliorer leurs mouvements.

Comme une nouvelle langue

Au cours d'équitation, le débutant apprend beaucoup de nouveaux mots. Il doit aussi respecter les règles et pratiquer des exercices. Il en va ainsi pour tous les sports.

Si un cavalier souhaite entrer dans la carrière ou le manège avec son poney étrillé et sellé, il doit d'abord crier : « Porte ouverte, s'il vous plaît ! ». Les autres cavaliers dégagent l'espace devant la porte. Quand cet espace est dégagé, quelqu'un crie : « Porte libre ! » et le nouveau cavalier entre sur la piste.

Sécurité et distance

Dans certains centres équestres, la coutume est de faire faire quelques tours aux poneys ou aux chevaux avant de monter en selle. Les cavaliers montent en selle au milieu de la piste.

Si les cavaliers se suivent en file, au moins une longueur de cheval d'écart entre chaque cavalier est nécessaire, ce qui correspond à environ

Une longueur de cheval d'écart

Quand tu regardes entre les oreilles de ton poney, tu dois voir les sabots arrière du poney précédent. Cela correspond à une longueur de cheval.

◀ Une longueur de cheval entre chaque cavalier est de rigueur pour la sécurité. Ici, la reprise progresse à main droite. Ci-dessous, le pas se fait aussi à droite.

▲ Le crottin sur la piste doit être retiré le plus vite possible.

▶ Un cavalier avance à main droite dans le sens inverse des autres cavaliers. La reprise progresse également à main droite.

2,40 mètres. Si la distance de ralentissement de ton poney est plus grande que celle du précédent, tu as assez de place pour t'arrêter.

Avancer à main droite

Quand plusieurs cavaliers progressent dans différentes directions, c'est l'occasion de regarder l'ensemble de la carrière pour voir comment les chevaux évoluent dans l'espace. Pour éviter les collisions, nombre de règles sont à suivre.

Au pas, laisse toujours une partie de la piste libre. Si un cheval est au trot, il doit progresser à l'extérieur de la piste. Quand tu rencontres un autre cavalier, serre à droite.

Si le cercle est décrit vers la droite, quitte la piste pour pouvoir croiser à droite. Si tu effectues un changement de main, de gauche à droite, serre à gauche.

▲ Visiblement, les règles n'ont pas été respectées. C'est la pagaille en perspective ! Un seul poney à la fois par obstacle !

◂ Même en liberté, le poulain peut apprendre beaucoup de choses. Dès la première heure, il apprend à suivre sa mère et à ne plus la lâcher.

▴ Le cours d'équitation commence au pas, avec les rênes longues, et se termine de la même façon.

Travail en reprise

Après être monté en selle et avoir resanglé, dirige ton poney vers la piste. Sur celle-ci, contre le mur d'enceinte, commence par marcher une dizaine de minutes avec les rênes longues. Ensuite, resangle.

Phase de décontraction au pas et au trot

Immédiatement après, la reprise se forme et les exercices commencent. Le professeur désigne un cheval pour mener. Il y aura donc à chaque fois un cavalier de tête. Le cavalier de tête dit : « On commence ici. » La composition de la file et la direction prise sont également déterminées par ce cavalier.

L'expression « piste à gauche » signifie que l'on progresse à main gauche, c'est-à-dire la main intérieure, située du côté du professeur. La plupart des chevaux préfèrent ce sens et sont plus rapidement opérationnels à main gauche.

Figures de piste

Au cours des quinze à vingt minutes suivantes, le trot sera privilégié. Soit l'ensemble de la piste sera foulée, soit les chevaux décriront des cercles, des serpentines et d'autres figures de piste.

De plus, on change souvent de main pour progresser dans l'autre sens. Le trot au-dessus d'obstacles posés à terre, certains pas de côté, l'allongement du pas dans le trot, autrement dit l'accélération, sont le plus souvent au programme. Les cavaliers pratiquent le trot enlevé, ce qui veut dire que tous les deux pas ils soulèvent leur fessier de la selle.

S'ébrouer ? Cela fait du bien !

Après la phase de décontraction, tous les chevaux ont eu le temps, espérons-le, de s'ébrouer. Une phase de pas avec les rênes longues s'im-

◀ Le groupe avance à main gauche, mais ne semble pas très concentré. Après le changement de main, le professeur propose un exercice…

▲ … Maintenant, tout le monde est concentré. L'exercice consiste à tendre alternativement le bras droit et le bras gauche. Le but est de détendre les épaules.

▲ Les cercles sont des figures privilégiées pendant la phase d'échauffement. Mais ici les distances ont besoin d'être rectifiées.

pose maintenant pour que les chevaux puissent s'étirer. Au cours de cette phase, les musculatures du cheval et du cavalier se détendent. Ils peuvent ensuite travailler ensemble en se concentrant.

Quand les rênes sont reprises en main, les exercices précédents sont recommencés ou le professeur propose des exercices d'allures rassemblées. Souvent, le galop est au programme.

▶ **Conseil :** Pour en savoir plus sur le resanglage, va à la page 61.

Les poneys m'apprennent des choses

Parce que mon propre poney est très jeune et inexpérimenté, on m'a laissée en monter un autre. Je ne le connaissais pas et j'étais impatiente de voir comment il allait se comporter. Il est génial. Je trouve que c'est formidable de monter plein de poneys différents. Chacun réagit à sa façon et on peut apprendre quelque chose de chacun d'entre eux, ce qui peut nous servir par la suite.

◀ Improvise une série de pas avec des petits sauts et demande aux autres élèves de t'imiter. C'est un très bon exercice avant de monter en selle.

▼ Certains chevaux apprécient les changements, avant comme pendant l'entraînement.

Échauffer et rassembler

La phase d'échauffement peut prendre un tout autre aspect. Les cavaliers peuvent commencer à travailler sans les chevaux, en pratiquant des exercices d'assouplissement et aussi de coordination.

Ensuite, ils font travailler les poneys sur des exercices avec des obstacles au sol. Les poneys nerveux préfèrent progresser lentement, par exemple au pas le long d'une serpentine en forme de L. Les animaux vifs et pleins de fantaisie peuvent s'attaquer à des exercices très différents, par exemple la marche à reculons ou le slalom. Après un exercice au sol, le cheval n'a qu'une hâte : continuer à jouer avec un cavalier en selle.

Vision d'ensemble

Le déroulement d'une heure d'équitation correspond à un schéma bien précis. Cela reflète l'ensemble de l'éducation d'un cheval, de son plus jeune âge jusqu'à la maturité.

Ce déroulement a fait ses preuves depuis des décennies. Il est également valable quand on travaille seul dans le manège. Du moment que l'on conserve la vision d'ensemble et que l'on se comporte amicalement avec le cheval, on peut proposer à ce dernier de nouveaux exercices pour enrichir l'entraînement.

Objectif numéro un : échauffement

La phase d'échauffement au pas, rênes longues, aide tout comme le trot qui la suivra à décontracter et à échauffer l'animal et le cavalier. Pour les jeunes chevaux, les cavaliers débutants, en hiver ou quand le cheval passe beaucoup de temps en box, la phase d'échauffement dure plus longtemps. Avec des T-Touches Tellington, du travail au sol et des jeux pour le

▼ Le pas allongé au trot sur le côté long plaît autant au cavalier qu'à sa monture ! Avant de tourner pour longer le côté court, le rythme diminue.

▶ Les voltes et les cercles de plus en plus réduits appartiennent à la phase 2 du cours.

▶ Avant de sauter, le poney doit avoir été bien échauffé avec du pas avec les rênes longues, du trot et du galop.

▲ Pendant la phase 2 du cours, le cheval apprécie les longs galops. Et le cavalier aussi, visiblement.

cavalier comme pour la monture, il est possible de rendre la phase d'échauffement ludique et variée.

▶ **Conseil :** Tu trouveras des exercices appropriés aux pages 22, 36 et 42.

La phase 2 du cours

Pour rassembler un cheval, on préconise les exercices suivants : nombreuses décélérations jusqu'à l'arrêt, trot à partir du pas, déplacements latéraux, contre-changements de main, pas en arrière, tournants courts, cercles raccourcis et agrandis. Pour un cheval, le fait de se rassembler signifie qu'il commence à reporter davantage de poids de l'avant-main vers l'arrière-main.

Pour qu'un cheval se rassemble, il doit être décontracté, échauffé et suffisamment puissant. Ce type d'exercice se pratique au cours de la phase 2 de l'heure d'entraînement. La plupart du temps, le galop est intégré à cette phase.

Mais après la phase d'échauffement, il peut y avoir des exercices de saut, des quadrilles, des jeux équestres ou des exercices visant à améliorer certains points précis.

Pour finir : rênes longues et félicitations

Quel que soit le contenu précis de la phase 2, elle doit être suivie d'une dizaine de minutes de pas avec les rênes longues. En hiver, quand le cheval a transpiré, le travail de récupération doit durer plus de dix minutes.

◀ Évoluer dans une « reprise » est tout à fait naturel pour des chevaux vivant à l'état libre, même s'ils ne connaissent aucune figure de piste.

▼ À chaque coin, le cheval doit s'incurver. Quand de l'herbe pousse le long de la piste, il vaut mieux raccourcir celle des coins.

Figures de manège

Pendant la phase d'échauffement, les chevaux apprennent à s'incurver. Quand tu négocies un coin, appuie doucement la jambe intérieure pour que le poney s'incurve.

De cette façon, tu auras plus de poids sur la selle côté intérieur. Tandis que tu places en arrière ton épaule intérieure, la rêne intérieure doit être légèrement plus courte que l'autre. Le poney peut dès lors s'incurver pour négocier le coin. Pour apprendre à tourner, tu peux aussi t'exercer sur une chaise.

L'alphabet de la piste

Si tu passes aux quatre coins, c'est la « piste entière » qui a été longée (voir la figure de la page suivante). Si tu veux changer de main en ligne, tu as le choix entre « diagonale », « doubler dans la largeur de la piste » et « doubler dans la longueur de la piste ».

Les lettres de la piste

Les points noirs indiquent les points du cercle et le X marque le centre de la piste.

Tu peux inventer une phrase dont chaque mot commence par les lettres indiquées. C'est un moyen mnémotechnique utile pour les retenir.

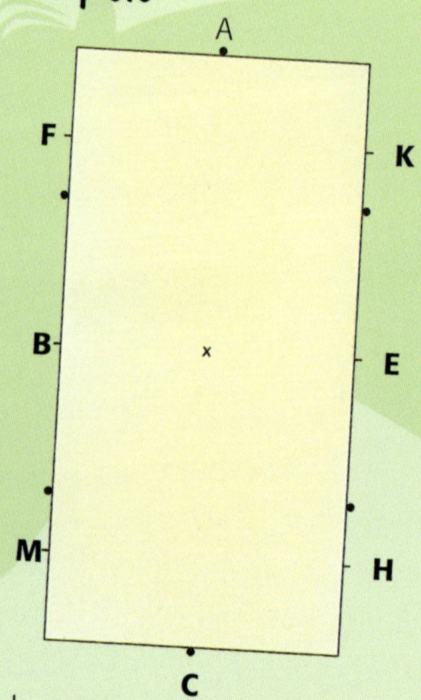

Ces lettres servent de repère.

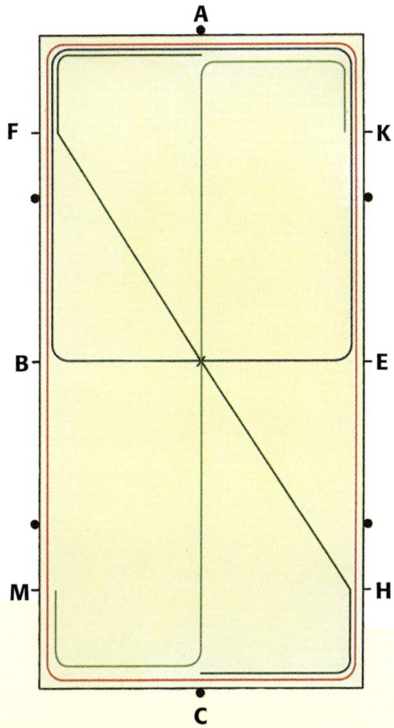

▲ Les lignes représentent différentes figures de piste.
Rouge : « Piste entière », Bleue : « Demi-piste »
Vert foncé : « Changement dans la piste entière »
Vert clair : « Changement dans la longueur de la piste »

▲ Lors des quadrilles, l'exécution précise des figures de piste est tout aussi importante que la synchronisation de son tempo sur celui des autres cavaliers. Cette manœuvre assez difficile est de toute beauté et procure beaucoup de plaisir.

Le professeur indique régulièrement les repères de la piste vers lesquels on doit se diriger ou desquels on doit s'éloigner. Les cavaliers effectuent ainsi des changements main gauche, par exemple de F à H ou de H à F.

◀ « Changer de main dans la longueur de la piste » : on passe d'une progression en ligne droite à une nouvelle direction.

Freestyle sur la piste

C'est toujours un plaisir d'effectuer de belles figures. Mais il est tout aussi intéressant d'inventer des figures collectives. Les lettres représentant les repères de la piste ou les endroits de changement de main aident à effectuer des figures collectives. Le professeur d'équitation peut aussi demander à chacun des cavaliers du groupe de décrire une figure et aux autres de le suivre.

▶ Pour les cavaliers de quadrille, les points de piste sont des repères importants permettant de décrire des figures exactes.

◀ Ce poulain de l'année s'incurve à l'encolure, pour pouvoir mordiller sa hanche qui le démange. Il a avancé sa jambe avant pour ne pas tomber dans l'eau.

▶ Dans le cercle, les poneys sont incurvés à gauche. Les cavaliers poussent légèrement en arrière leur épaule gauche et leur jambe extérieure.

Ça tourne rond !

Cercles plus ou moins parfaits

Le cercle en question a un diamètre de 20 mètres environ. Les premières heures à la longe se font autour du cercle. Décrire un cercle parfait est tout un art. Le cheval n'emprunte réellement la piste qu'aux trois points extérieurs du cercle.

Si la piste a été précédemment hersée, tu peux vérifier les traces laissées par les sabots pour voir si tu as décrit un vrai cercle. Malheureusement, c'est le plus souvent un ovale qui apparaît sur le sable. Quatre piquets ou tonneaux situés à une distance suffisante des quatre repères du cercle t'aideront toi et ton cheval à décrire un cercle parfait.

Sens giratoire à possibilités multiples

Tu peux passer d'un cercle à l'autre. Cette figure s'appelle « changement de main sur le cercle ». Si le cheval est suffisamment échauffé, propose-lui de « raccourcir le cercle ». Ta monture décrit une sorte de spirale jusqu'à produire à la fin une volte au point central du cercle. Ensuite, refais la même chose en sens inverse : agrandis le cercle à partir de la spirale.

Un changement de main dans le cercle est possible. Démarre du premier point du cercle situé au milieu du côté court et décris un S tout en changeant de main en atteignant le point du cercle suivant, situé sur le côté long. Cette figure s'appelle « changement dans le cercle ». Si tu l'exécutes deux fois à la suite, tu obtiens un huit.

Les exercices consistant à décrire des serpentines permettent aussi d'assouplir le cheval.

Ma figure préférée...

... c'est le huit. Il assouplit le cheval et échauffe le thorax. Je le pratique à toutes les allures, y compris au galop. On peut de cette façon exécuter de beaux changements de pied en l'air.
Par contre, je ne pratique presque pas le raccourcissement et l'agrandissement du triangle (page 95). Je préfère effectuer des travers (ou têtes au mur).

▲ Phases de voltes gauches parfaitement exécutées. Observe la façon qu'ont les cavaliers de pousser leur épaule gauche et leur jambe droite en arrière et de regarder dans la direction voulue. Leurs épaules sont parallèles à celles du cheval.

Le petit frère du cercle

La volte est un excellent exercice de gymnastique. Elle aide à échauffer le cheval et à étirer sa musculature. La musculature de la plupart des chevaux est souvent plus courte d'un côté que de l'autre. Souvent, elle est moins ample à gauche. C'est pourquoi la plupart des chevaux s'incurvent plus facilement dans les voltes à gauche que dans les voltes à droite.

Sur le côté le plus fort du cheval, les voltes peuvent être plus grandes. Au début, le diamètre de la volte peut être raccourci de 6 à 10 mètres. Le plus important est que le cheval s'incurve véritablement.

Des tonneaux pour faciliter les tournants

De nombreuses figures de piste sont plus faciles à exécuter si on les délimite en plaçant des obstacles sur le terrain. Barres, tonneaux et équipements de saut facilitent l'orientation. Cela vaut aussi pour le huit.

Toutes les figures difficiles se pratiquent d'abord au pas. Une fois la technique acquise au pas, on peut passer au trot, puis au galop.

▼ En haut : en rouge : « évoluer sur le cercle », en bleu : « changer de main en changeant de cercle », en noir : « changer de main dans le cercle », en vert : « raccourcir et agrandir le cercle »
En bas : en bleu : « ligne courbe », en noir : « double ligne courbe », en rouge : « serpentine avec cinq courbes »

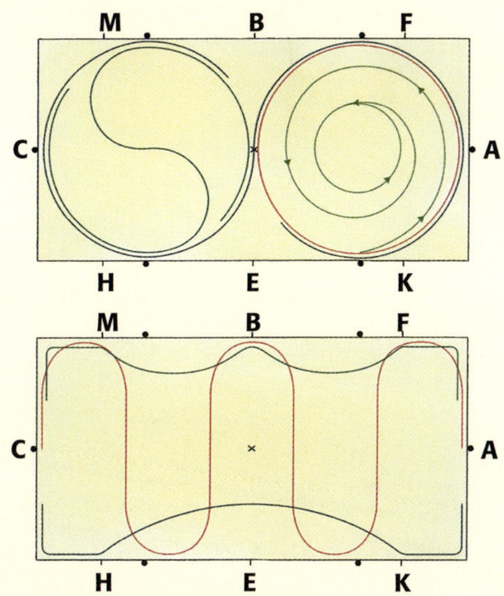

▶ **Conseil :** La pratique des incurvations et des tournants est également expliquée aux pages 73 et 92.

◀ L'étalon baisse la tête et menace le poulain en couchant les oreilles. Le jeune cheval ne demande pas d'explication : il part au trot.

▼ Ce cheval est à l'écoute : son attention est dirigée vers l'arrière. Il est prêt à tout moment pour un arrêt.

Stop and go

Pour démarrer, appuie légèrement les jambes contre le ventre du cheval comme si tu voulais tour à tour le soulever sur la gauche et la droite. Si, au bout de quelques répétitions, le cheval ne répond toujours pas à cette aide, donne-lui un petit coup de badine.

Nombreux sont les débutants qui plaquent fortement les jambes contre le ventre du cheval. De nombreux chevaux de club d'équitation se sont en conséquence habitués à ignorer les signaux de jambe. Dans ce cas, ajoute un signal vocal ou un coup de badine. Enfoncer la jambe ou le talon dans le ventre du cheval est à proscrire : il s'agit d'une attitude brutale, contraire à l'éthique équestre.

Comment ralentit-on un cheval ?

En langage équestre, le ralentissement de l'allure, c'est-à-dire le passage du trot au pas, est appelé transition descendante. Tire les coudes, et donc aussi les rênes, plusieurs fois légèrement en arrière et de nouveau en avant. Pour ce faire, ton buste doit être bien redressé et tes jambes en contact avec le cheval. Après avoir ouvert les doigts (signal important), le cheval ralentit normalement.

L'arrêt

La demande d'arrêt doit stopper net le cheval. Cet arrêt se prépare en exécutant plusieurs demi-arrêts, c'est-à-dire en faisant aller plusieurs fois les coudes d'arrière en avant. Les rênes doivent alors former une frontière et les antérieurs du cheval, c'est-à-dire ses jambes avant, s'immobilisent. Pour finir, tends à nouveau les coudes, redresse-toi, pose tes jambes contre le ventre du cheval et expire. Si le cheval ne réagit pas, tes mains peuvent être légèrement levées, avant de céder à nouveau.

▲ Pour effectuer un demi-arrêt, tire les coudes vers l'arrière et exerce une légère pression sur les rênes.

▼ Raccourcis les rênes et effectue des demandes d'arrêt pour stopper ta monture. Sur cette photo, le poney raccourcit le pas. Il sera bientôt à l'arrêt. C'est parfait !

◄ Les chevaux qui apprennent à obéir à la demande d'arrêt ont une distance de ralentissement plus courte si on leur donne une friandise après l'arrêt.

▼ Voici ce qu'on appelle un arrêt « au carré », car on ne voit pas le membre opposé avant et arrière. Le cavalier a cédé la bride à l'arrêt, mais conserve le contact avec la bouche du poney.

Les éperons : oui, non ?

Quand un poney ne réagit pas aux signaux, un jeune cavalier peut utiliser très brièvement des éperons lisses. Cela pour l'empêcher de frapper avec les jambes. La jambe du cavalier doit rester calmement en contact avec le cheval et elle ne doit pas se lever en situation de stress. De plus, les éperons ne doivent jamais être enfoncés dans le ventre du cheval.

Les demandes d'arrêt s'exécutent dans le mouvement, sans brusquerie. Un spectateur ne peut normalement pas les remarquer.

L'arrêt au carré

À la fin, le cheval doit être à l'arrêt, les quatre sabots impeccablement alignés, comme les pieds d'une table. Il est préférable de commencer à pratiquer l'arrêt au pas.

► **Conseil :** Tu en sauras plus sur l'arrêt aux pages 30 et 76.

◀ Dans la nature, les chevaux progressent principalement au pas, vers l'avant. Ils parcourent de grandes distances à la recherche d'eau, de nourriture et de lieux de repos.

▶ Cette cavalière dirige sa monture dans le L. Elle répète l'opération en démarrant des deux extrémités.

Pas à pas

Le pas correct est une allure à quatre temps. Quand un cheval détendu marche sur le macadam, on peut entendre le « toc-toc-toc-toc » régulier des sabots.

Si les rênes sont trop courtes ou si le cheval est tendu, le rythme devient irrégulier et se fait en deux temps. Cette allure s'appelle l'amble.

Le pas avec les rênes longues détend le cheval et doit débuter et clore toute heure d'équitation. Le travail au sol et les exercices en parcours de jeu se pratiquement aussi principalement au pas.

Apprendre à ressentir

Le pas est la meilleure façon d'apprendre à écouter, à voir et à ressentir si le cheval possède une allure régulière. Sur la selle, on peut ressentir si le cheval est asymétrique ou si une jambe arrière se place trop à l'extérieur.

▲ Le pas avec les rênes longues démarre et termine chaque heure d'équitation. Pendant le cours, des pauses intermédiaires au pas sont également relaxantes.

▲ Ici, le cavalier a repris les rênes. Celles-ci ont une bonne longueur. Le poney adopte une allure à quatre temps, avec les jambes arrière placées bien en avant.

▲ Au pas, on peut se laisser guider sans selle et réfléchir à des exercices. Il n'y a alors plus de limite à la fantaisie. Mais il faut toujours porter un casque !

▲ Pendant la phase d'échauffement, des exercices rigolos veillent à maintenir une certaine décontraction. Faire des bruits avec la bouche, c'est aussi une idée du travail avec la voix. C'est une manière de se délasser.

Au pas, le ventre du cheval se balance de gauche à droite. Si tu t'imprègnes de ce mouvement, tu peux très bien travailler à ce rythme. Applique ta jambe contre le ventre du cheval au moment où le mouvement t'y invite.

La sensation du pas

En travaillant avec les rênes longues, que ce soit en travail actif ou en récupération, ressens comment le cheval se déplace dans les différentes phases du pas. Tes hanches montent, descendent, avancent et reculent. Que se passe-t-il avec tes épaules ? Et qu'en est-il du dos et des jambes ? Est-ce que les deux flancs sont parfaitement symétriques ?

Pas moyen et course au pas

Pour changer de pas, applique alternativement la jambe à gauche et à droite sur le ventre du cheval en accélérant le rythme. Le cheval allonge alors le pas. Il entamera peut-être un trot. Dans ce dernier cas, ralentis-le avec un demi-arrêt. Pour éviter cela, atténue les aides. Si au contraire le cheval reste au pas tout en l'allongeant de façon alerte, c'est que tu as réussi à le faire avancer au pas moyen.

La course au pas permet de s'exercer au pas moyen. Deux cavaliers avancent l'un vers l'autre sur le côté long de la piste. Celui qui se met à trotter est éliminé. Celui qui arrive en premier au côté court a gagné.

▶ **Conseil :** Tu trouveras à la page 66 d'autres avantages au pas effectué avec des rênes longues. À la page 68, tu en apprendras davantage sur les impulsions.

Les changements de direction ne sont pas un problème, du moins à l'arrêt. Les chevaux ont une encolure très souple.

Aux Pony Games, les mouvements sont nettement plus dynamiques que sur le rectangle de la piste de dressage. Mais dans les deux cas, des tournants courts sont exécutés.

Tourner court

Les voltes, figures de huit et demi-voltes sont déjà en quelque sorte des tournants courts, où le cheval et son cavalier doivent petit à petit trouver une coordination parfaite.

Les demi-voltes sont surtout pratiquées au deuxième coin du long côté. L'ordre donné est le suivant : « Demi-volte au coin ». La demi-volte effectuée de façon de plus en plus serrée augmente au fil du temps la souplesse des membres postérieurs. Cela peut prendre des années. La pirouette ordinaire est réservée aux chevaux et aux cavaliers expérimentés.

Une question de précision

La pirouette renversée peut être pratiquée bien plus tôt. C'est l'occasion de travailler sur la précision des aides. Sur la piste, le cheval effectue un arrêt. La rêne droite est un peu raccourcie, l'étrier droit un peu plus appuyé et le cavalier regarde vers la droite. C'est le moment d'appliquer plus fermement la jambe droite contre le cheval et de poursuivre en rythme vers la gauche, tandis que le cheval vire pas à pas.

La réussite d'une demi-volte répondant à l'ordre « demi-volte au coin » dépend de l'expérience du cheval et du cavalier. Quand elle est bien réalisée à la fin de l'échauffement, elle procure beaucoup de satisfaction.

Si le cheval ne réagit pas, tourne légèrement la tête vers la droite et incite-le à avancer en plaçant un léger coup de badine derrière la jambe.

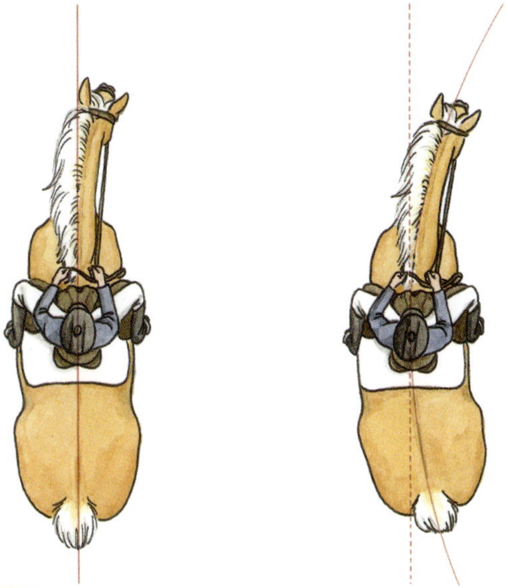

▲ La différence entre la position droite (à gauche) et la position incurvée (à droite) vue du haut. En longeant les côtés de la piste, le cheval doit être légèrement tourné vers l'intérieur : son œil intérieur doit être visible par le cavalier à partir de la selle. En s'incurvant, le cheval raccourcit les muscles du côté intérieur et étire son côté extérieur. L'incurvation commence surtout par l'encolure et se poursuit avec le tronc. Sa colonne vertébrale épouse le cercle de sa nuque à sa queue.

▲ Pour faire une pirouette renversée vers la droite, raccourcis un peu la rêne droite, appuie sur l'étrier droit et dirige ton cheval avec la jambe droite à la sangle.

▲ Le cheval fait tourner ses membres postérieurs autour des membres antérieurs pour être à nouveau complètement sur la piste. Sur la photo, il n'est pas incurvé.

▲ Afin de ralentir le mouvement, intercepte un pas sur deux avec la jambe gauche.

Le côté préféré

Si le cheval met trop d'empressement à tourner, régule le tempo avec la jambe gauche. Si le cheval avance, utilise la rêne gauche.

De nombreux chevaux tournent plus volontiers sur un côté que sur l'autre. Certains peuvent présenter une raideur plus ou moins grave d'un côté. Il en va de même pour la plupart des cavaliers, qui donnent leurs aides plus facilement sur un côté que sur l'autre.

▶ **Conseil :** L'exécution des incurvations et des tournants est expliquée à la page 92. La pirouette renversée à la longe est expliquée à la page 50.

◀ Pour l'apprentissage du quadrille, les pas de côté sont très indiqués. Les poneys sur la photo sont-ils tous bien positionnés ?

▲ Un exercice difficile : la cession à la jambe pendant un trot. La cavalière du milieu parvient à diriger l'avant-main de sa monture vers le milieu de la piste et à le laisser trotter avec un pas de côté.

Déplacement latéral

Quand il exécute une pirouette renversée, le cheval doit déjà avoir intégré le travail latéral de la jambe. Tout comme le jeune cavalier doit apprendre l'expression « cession à la jambe », le cheval doit apprendre qu'il lui faut se déplacer sur le côté quand la jambe du cavalier pousse latéralement derrière la sangle.

Ce n'est pas seulement la jambe du cavalier, mais toutes les aides qui amènent le cheval à faire un pas de côté.

Le pas de côté comme remède

De nombreux cavaliers considèrent que l'exercice de l'épaule en dedans est le plus efficace pour assouplir un cheval et corriger son asymétrie.

Si le cheval est novice en matière de pas latéraux, commence de préférence par un travail au sol. Même sans cavalier en selle, les effets assouplissants du pas de côté sont importants pour ta monture.

Épaule en dedans façon baroque

De nombreux cavaliers déplacent le poids de leur corps dans la direction où le cheval doit céder, quand ils exécutent un pas de côté.
Après avoir négocié le coin, on dirige le cheval comme si on voulait effectuer un changement sur la totalité de la piste. Avec la jambe gauche, on pousse latéralement d'une largeur de main derrière la sangle. On appuie sur l'étrier droit, ce qui transfère le poids vers la droite dans la direction du mouvement. La rêne gauche doit être un peu raccourcie pour la fluidité de l'incurvation. La rêne droite veille à ce que les antérieurs du cheval restent sur la deuxième piste.

Épaules en dedans pendant un trot sur « quatre pistes ». Chacune des jambes du cheval suit une piste différente.

Un appuyer sur la diagonale au trot. Le cheval avance avec des pas de côté pour effectuer une diagonale.

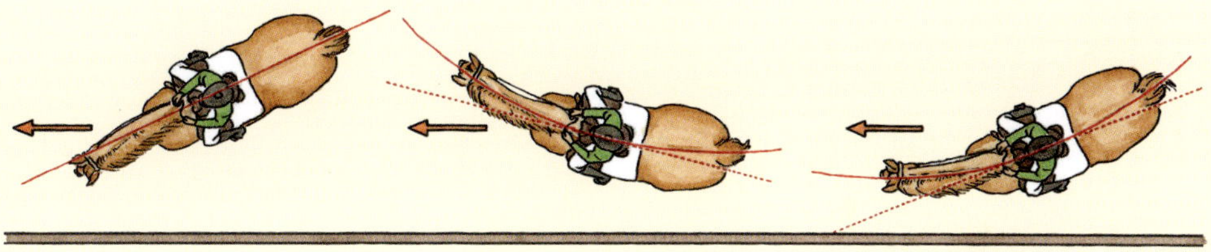

Lors de la cession à la jambe (à gauche), le poney est « placé » sur le côté. Avec l'épaule en dedans (au milieu), le poney s'incurve et se déplace dans la direction de son côté convexe. Avec le travers (à droite), il se déplace dans la direction de son côté concave.

Perspectives d'avenir

En selle, tu peux décliner les déplacements latéraux en différentes figures de piste. Tu peux faire progresser latéralement ton poney le long d'une simple serpentine. On appelle cette figure « raccourcir et agrandir le rectangle ». Les chevaux et les cavaliers expérimentés peuvent exécuter la cession à la jambe, l'épaule en dedans et le travers au trot, et (des années plus tard) au galop.

Conseil : Tu en apprendras plus sur la coordination de l'ensemble des aides à la page 68.

Aides pour la cession à la jambe

À main gauche, la tête du cheval est dirigée vers le mur :

- Appuie davantage sur l'étrier droit.
- Ta jambe droite reste un peu en arrière et appuie.
- Ta jambe gauche reste un peu en arrière et veille à ce que le cheval progresse lentement sur le côté.
- Tu regardes vers la gauche.
- Ta rêne gauche régule la réaction du cheval sur la jambe droite.
- Ta rêne droite aide le cheval à suivre la bonne direction.

Les deux jeunes chevaux trottent de concert avec la même cadence.

Changement au trot enlevé

En randonnée, change régulièrement de pied. Si le cheval trotte toujours sur le même « pied », son postérieur le plus faible restera faible.
Si le changement vers le pied peu habitué produit un effet étrange, c'est le signe que le poney est raide ou a l'axe incurvé, ou encore qu'il a besoin de davantage d'exercices au sol ou de dressage.

Le trot : une allure économique

Au trot, le cheval adopte une cadence à deux temps. Deux paires de jambes en diagonale aboutissent au même résultat. Dans l'idéal, le trot est un mouvement ample et plein de vitalité. C'est une allure qui ménage la monture et permet de parcourir de grandes distances. Le trot est parfait pour échauffer un cheval.

Le travail au trot de la phase d'échauffement est bien utile si après cette phase on pratique des changements de cadence.

Petit lexique du trot

Sur le côté court, prends le rythme en fermant les doigts, tout en te levant et en appuyant la jambe. Le cheval progresse à un trot retenu ou au trot rassemblé.

Au deuxième coin du côté court, progresse avec la main un peu en avant en appuyant au niveau de la sangle, légèrement ou énergiquement selon le cheval, tour à tour avec la jambe intérieure et la jambe extérieure. Le cheval exé-

Au trot léger, lève-toi à l'impulsion du postérieur extérieur. Ce faisant, tu soulages le postérieur intérieur.

Lors de ce trot enlevé, le cavalier pourrait allonger les jambes.

La cavalière laisse sa monture « allonger » la foulée. Avant le coin du côté court, elle reprend le tempo. Est-ce un « vrai » trot enlevé ?

* La cavalière trotte sur le « mauvais pied » : elle se soulève de la selle tandis que l'antérieur gauche du cheval se porte vers l'avant.

cute des foulées amples et énergiques jusqu'à atteindre le trot moyen.

Au début, pratique le trot moyen avec légèreté. En restant assis trop tôt, de nombreux cavaliers penchent le buste en arrière pour accompagner les mouvements du cheval. C'est une erreur. Ce faisant, ils gênent la fluidité des mouvements du cheval. Au final, tous deux seront tendus et insatisfaits de la séance d'équitation. Ce n'est vraiment pas le but !

Le trot enlevé - pas si simple que ça

Au cours de l'entraînement à la longe, le trot enlevé est le premier exercice difficile. Le cavalier se lève quand l'antérieur extérieur du cheval se propulse vers l'avant et s'assied quand l'antérieur intérieur se propulse vers l'avant. Le but est de se lever pour soulager le postérieur intérieur du cheval.

Conseil : Pour en savoir plus sur la randonnée, va à la page 104.

C'est un trot enlevé sur le « mauvais » pied. La cavalière devrait rester assise pendant deux temps, puis se lever.

Le cavalier relâche les rênes et donne une grande liberté à sa monture, qui allonge bien la foulée.

◀ Une aide un peu brutale pour la marche arrière. On ne s'étonne pas dans ces conditions de recevoir une morsure au postérieur !

▲ Exerce-toi au reculer au sol. Approche-toi de ton cheval, prononce le mot-signal « en arrière » et donne-lui un petit coup au canon avec la badine.

D'avant en arrière

Tout comme le trot en diagonale et le rythme à deux temps, le reculer ne se pratique pas en tirant sur les rênes. Le cheval doit reculer sans hésitation, mais également sans empressement. Il doit également s'arrêter au bon moment.

Les chevaux tendus lèvent la tête et font quelques pas vifs, jambes écartées, en oubliant de reculer en diagonale. Si le poney n'a pas encore compris la signification des aides pour le reculer, il risque de lever brusquement la tête. Il agit de même quand le cavalier croit que le reculer s'effectue uniquement à la bride.

Tout en douceur !

Les aides pour le reculer sont les mêmes que celles appliquées pour démarrer une allure. Fais pression avec les deux jambes un peu derrière la sangle, comme si tu voulais partir au pas. Quand tu sens que le poney se met en mouvement, ferme les doigts sur les rênes. En sentant une légère résistance, le cheval va normalement reculer.

Certains cavaliers se contentent de lever un peu les mains et les abaissent sitôt que le cheval a reporté le poids en arrière. Certains poneys reculent plus facilement quand le cavalier se penche un peu en avant et soulagent ainsi leur dos.

Pas à pas au sol

Pour apprendre à reculer à un poney, commencer au sol avec des aides vocales est préférable. Quand il parvient à reculer avec facilité, il est temps de passer au reculer monté. Une personne continue alors à agir au sol tandis que le cavalier est en selle. Ce n'est qu'après ces étapes préliminaires que l'on peut pratiquer le reculer en selle.

▼ Le reculer dans la serpentine en L est une épreuve d'examen en équitation western.

▲ Se faufiler à reculons dans la serpentine en L n'est pas un exercice facile.

▲ En te penchant en avant, tu soulages le dos de ton cheval pendant le reculer. Si tu retires ta jambe, il ne cèdera pas sur le côté.

Balançoire et barres

Si le cheval recule facilement, au sol ou en selle, fais cet exercice utile et délassant, la « balançoire ». Le cheval recule sur une longueur de 2 mètres minimum, puis avance à nouveau, puis recule une fois encore avant d'avancer à nouveau. Cette suite de mouvements s'exécute la première fois au sol, même pour les chevaux expérimentés.

Dans la serpentine en L, le cheval peut également progresser à reculons, à partir du sol ou en selle. S'il se laisse ainsi diriger, le cheval fait preuve d'une très grande confiance car c'est un exercice difficile. Il faut de nombreuses heures d'entraînement avant de le réussir.

▶ **Conseil :** À la page 31, tu en sauras plus sur le reculer au sol et à la page 36 sur les différents obstacles posés au sol.

◀ Dès le plus jeune âge, les poulains adorent galoper. Observe bien la décomposition du mouvement. Quel genre de galop pratique ce poulain ?*

* Un galop sur le pied droit

▲ Au galop à gauche vers le prochain cavaletti !

Hop, hop, hop... au galop !

Le galop est une allure à trois temps. Quand il est ample et enlevé, le galop est l'allure préférée de la plupart des cavaliers.

Avant de prendre le galop, éveille l'attention du cheval en faisant « tinter » la bride et en exécutant un demi-arrêt. Appuie davantage le pied intérieur sur l'étrier intérieur. Donne une légère pression à la rêne intérieure. Recule un peu la cuisse extérieure et serre les jambes. Porte la main vers l'avant sitôt que le cheval prend son élan.

Demi-arrêt, pression sur l'étrier intérieur, prise de la bride intérieure, pression des deux jambes et main intérieure portée vers l'avant : tout cela dure le temps d'un clignement des yeux. Si le cheval accélère le trot au lieu de partir au galop, reprends le rythme et recommence la manœuvre, cette fois avec des aides plus précises.

Quand ça coince

Certains chevaux supportent mal le galop. Cela peut tenir au fait que leur cavalier a tendance à s'accrocher aux rênes pour rester profondément assis dans la selle. Il serait dans ce

▲ Phase du galop à gauche où un seul pied touche le sol. Dans le temps de suspension qui suit, aucun des sabots ne touche le sol et le dos est arrondi.

Pour préparer le galop, exécute une volte au pas ou, comme ici, au trot. Quand le cheval avance sur le long côté, il est bien incurvé.

Quelle impétuosité dans le galop ! La cavalière propose une volte.

Pourquoi agiter la queue en démarrant le galop ? Parce que sa cavalière n'a pas assez cédé la main ou souhaite-t-il galoper plus vite ?

Ici, on remarque très bien la jambe extérieure de la cavalière, placée derrière la sangle. La rêne intérieure est un peu trop tirée.

cas préférable de s'accrocher à la crinière ou à la selle. Une selle trop étroite, qui appuie trop sur l'épaule ou ne possède pas assez de liberté de garrot, gêne le galop. Au galop, l'antérieur intérieur du cheval se place très en avant et l'épaule intérieure se déplace fortement en arrière. C'est pour ces raisons qu'un minimum de place est nécessaire.

Les chevaux asymétriques galopent souvent à faux. Dans un travail correct de galop, l'antérieur intérieur du cheval se place plus loin en avant que l'antérieur extérieur.

Position rassemblée, suspension

Dans le travail du galop, un rythme régulier est nécessaire, permettant aussi les cercles et les voltes. Le galop rassemblé est beaucoup plus lent. Au galop moyen, la foulée est plus longue et les mouvements plus amples.

On part au galop en suspension. Soulève-toi un peu de la selle. Place tes mains en avant vers l'encolure, à gauche et à droite du bord supérieur. Saisis les rênes à l'endroit où elles se croisent en formant un pont, cela te donnera de la stabilité.

Conseil : Pour le galop en extérieur, rends-toi à la page 110 et pour le pont formé par les rênes à la page 67.

Voici un galop à faux. Pour un galop sur le bon pied, le poney doit partir du pied gauche. Il faut d'abord le ralentir et redémarrer, au mieux à partir d'une flexion.

◀ Ce cavalier a tendance à arrondir le dos quand il est fatigué. Pour sa monture, il serait préférable qu'il accompagne davantage les mouvements. Regarder à travers les oreilles du cheval et rester bien calé dans les étriers peut être utile.

▼ Tous les cavaliers, débutants ou confirmés, tombent un jour ou l'autre.

Cavalier à terre !

La chute fait partie intégrante de l'équitation. Il est tout à fait normal de chuter de cheval. Parfois, le cavalier manque simplement de force pour tenir une heure durant sur le cheval. Peut-être a-t-il eu une rude journée. Dans ces conditions, un simple saut au-dessus d'un cavaletti ou un écart d'un poney effrayé suffisent à le faire glisser de la selle.

Assiette du cavalier en cas de stress ou de fatigue

Tu te sens peut-être parfois tendu ou fatigué en faisant de l'équitation. Dans ce cas, nous te conseillons, si cela est possible, de faire un tour de carrière au pas et avec les rênes longues pour t'étirer, te pencher sur l'encolure du poney ou faire d'autres exercices de mouvement.

Quand ils sont fatigués ou sous tension, la plupart des cavaliers placent les jambes trop haut, s'accrochent aux rênes et basculent un peu en avant ou en arrière. Leur équilibre manque d'assurance. Quelques exercices de mouvement les aideront à retrouver une position plus stable et plus sûre en selle.

Après la chute

Après une chute sévère, tu ne dois jamais te relever immédiatement. Tu n'es pas toujours en état de te rendre compte de la gravité d'une blessure. Un massage doux et régulier autour des muscles de l'oreille peut aider à activer la circulation du sang après un choc dû à une chute.

▶ Cette cavalière arrondit les épaules vers l'avant. Sa position n'est pas stable et sa monture pourrait lui tirer les rênes des mains.

▲ Ce cavalier a placé ses jambes un peu trop haut et se penche un peu trop en avant. Ses coudes ne sont plus pliés.

Une fois à terre...

Après une petite chute, le cavalier se relève la plupart du temps aussitôt. Il en va autrement quand la chute est plus grave et occasionne davantage de douleur. Par exemple, quand le cavalier a des contusions, voire des fractures ou que le poney s'est enfui.

Il est normal de rester anxieux pendant quelques minutes après une chute sévère ou une situation dangereuse. Dans ce cas, la meilleure solution est de faire quelques cercles au pas en exécutant quelques exercices d'assouplissement. Petit à petit, le corps se décontracte et l'esprit redevient léger.

Certains cours d'équitation proposent un entraînement aux chutes. Ce genre d'exercice apprend à bien se réceptionner au sol et à éviter ainsi de se blesser.

▼ Ce cavalier arrondit aussi un peu le dos au galop quand ses forces diminuent. Ses talons sont hauts, ses épaules en avant et son buste incliné vers l'arrière.

▼ Cette cavalière se redresse au galop un peu trop en arrière et tend ses bras. Sa position n'est plus équilibrée. Et toi, comme es-tu assis quand tu es fatigué ?

▼ Cette cavalière se contracte quand sa monture accélère le rythme de son galop. Toutes les photos de cette page sont des exemples de déséquilibres de cavaliers.

◄ Le contact avec l'eau n'est pas un problème pour les chevaux, du moment qu'ils ont décidé d'eux-mêmes de se baigner ou de patauger dans une mare ou une rivière.

▲ Une trempette en fin de journée, ça fait du bien ! Mais, attention, certains chevaux et poneys sont nettement plus réticents au contact avec l'eau.

La randonnée, un parfum d'aventure

Quand on pratique uniquement l'équitation dans l'enceinte d'une carrière, on s'imagine difficilement les plaisirs et aussi les dangers des randonnées dans la nature. Tracteurs, tondeuses, flaques, parapluies… les éléments nouveaux sont très nombreux et changent les perspectives.

Les arrêts intempestifs au trot ou les sauts de côté sont des réactions typiques des chevaux dans la nature. Leur peur diminue quand ils sont en groupe, de deux ou plus.

Quand mon cheval a peur

Je demande à un cavalier dont la monture est calme de prendre la tête et je laisse mon cheval observer ou renifler. On peut aussi exécuter un mouvement d'épaule en dedans pour préparer le cheval à un endroit auquel il n'est pas habitué.

La liberté a aussi ses règles !

Dans les groupes, tenir compte des capacités et du tempérament du cavalier et du cheval est indispensable. C'est une question de sécurité. Dans les groupes hétéroclites, les faiblesses individuelles se remarquent surtout au galop. Une solide expérience est nécessaire.

En randonnée, la distance de sécurité avec le cheval de devant correspond à deux longueurs de cheval. Respecter cette distance est déjà en soi difficile (un poney lambine, l'autre est fougueux…) Pour l'arrêt ou la transition vers une allure plus lente, le cavalier de tête lève la main ou donne un signal vocal explicite.

▲ Le groupe s'adapte toujours au cavalier ou au cheval qui a le moins d'expérience. Si nécessaire, tout le monde ira au pas.

▲ Un objet peut effrayer les chevaux, ici une bâche en plastique. Cela peut faire l'objet d'exercices.

▲ Pour gravir une pente, soulage le dos du cheval en te penchant légèrement en avant.

▼ Si l'on chevauche à deux ou plus, on se parle les uns aux autres et on ne change pas le rythme individuellement. « Et si nous galopions ? OK. C'est parti ! »

Les peurs des chevaux

Certains chevaux ont peur des vaches, d'autres sont terrorisés par les bâches en plastique. Si un banc est placé à un endroit où il n'y avait rien avant, le cheval peut également être déstabilisé par la nouveauté.

Pour rassurer un cheval effarouché, le mieux est de rester calme, de le tapoter amicalement et de reprendre son chemin. Si le cavalier et le cheval forment une équipe soudée, après un travail suffisant au sol, dans les situations particulièrement délicates, descendre de cheval pour contourner l'obstacle à pied est préférable. Le cavalier sera alors plus en sécurité que s'il était en selle.

▶ **Conseil :** Pour en savoir plus sur l'accoutumance au bruit et sur la décontraction, va aux pages 38 et 40.

◀ Après la leçon d'équitation, il est agréable de faire une petite balade dans la campagne. Les dix dernières minutes sont toujours consacrées au pas.

▼ Il est parfois indiqué de chevaucher deux par deux, du moins au pas. Les chevaux anxieux seront ainsi un peu rassurés.

Prudence et vigilance

En randonnée, des mesures de précaution s'imposent, aussi bien à l'intérieur qu'à l'extérieur du groupe. À proximité de piétons, de vélos ou de vaches, va toujours au pas. Si tu rencontres d'autres cavaliers, reporte le moment de partir au trot ou au galop jusqu'à ce qu'ils soient bien éloignés. En règle générale, évite la prise de risques au maximum, par exemple les ponts de bois humides ou les chemins boueux.

Le trot ou le galop ne se pratiquent que sur des terrains mous et élastiques. Avant un virage sans visibilité, ralentis l'allure. Sur l'asphalte, le béton, les cailloutis, sur un sol gelé ou détrempé par la pluie, progresse au pas pour épargner les jambes de ton cheval.

Un dernier conseil : le crottin tombé devant les entrées des maisons ou dans les cours doit être enlevé après la randonnée.

Les 12 commandements de la randonnée

1 Donne quotidiennement au cheval l'occasion de s'entraîner, que ce soit dans un pré ou un enclos.
2 Habitue progressivement ton cheval à la campagne et à la circulation.
3 Organise des sorties à cheval avec des amis. C'est plus rigolo et aussi plus sûr.
4 Ne renonce jamais au casque ou à la bombe. Aie aussi une assurance en règle.
5 Entretiens la bride et la selle, et contrôle régulièrement leur état.
6 Informe-toi sur la législation locale régulant l'équitation en forêt ou dans les champs.
7 Évite les chemins piétonniers et les pistes cyclables.
8 Évite de chevaucher sur des chemins détrempés et ajuste le tempo quand le terrain est humide.

▲ En automne et en hiver, le soir tombe vite. Les cavaliers et leurs montures doivent être équipés de gilets fluo, de couvertures ou d'autres dispositifs réfléchissants.

▲ Pour traverser une route, tout le groupe s'arrête. Tous les chevaux doivent alors rester groupés.

▲ Si un itinéraire doit être choisi, si un resanglage est nécessaire, etc, le groupe doit à chaque fois ralentir.

9 Croise les piétons au pas, sois toujours poli et prêt à aider.
10 Si tu occasionnes des dégâts, signale-les et propose un dédommagement.
11 N'hésite pas à communiquer avec les autres cavaliers ou les automobilistes sur les erreurs qu'ils commettent.
12 Aie les attestations nécessaires.

Le code de la route des cavaliers

- Dans le code de la route, les cavaliers sont assimilés aux véhicules lents.
- Les cavaliers empruntent la voie la plus à droite sur le côté droit de la chaussée.
- Le panneau de signalisation (bleu avec cavalier blanc) indique les voies réservées exclusivement aux cavaliers.
- Le panneau « passage interdit » ne concerne pas les cavaliers ou les personnes promenant un cheval. Par contre si un symbole représentant un cavalier noir est associé au panneau, l'interdiction concerne aussi les chevaux.
- Les changements de direction doivent être signalés avec la main.
- Au crépuscule ou pendant la nuit, les cavaliers doivent être suffisamment visibles sur toute voie de circulation.
- Un groupe de cavaliers (de 6 à 12) peut avancer sur deux rangs. Avantage : les chevaux les plus calmes et les plus expérimentés peuvent progresser à gauche pour protéger de la circulation les chevaux plus craintifs.

▶ **Conseil :** Pour les règles concernant la piste, va à la page 78.

◀ Les rênes sont longues. Cavalière et monture peuvent se détendre encore un peu avant de regagner l'enclos.

Au pas en randonnée

Phases de pas

Avant de monter en selle, le cavalier doit promener un peu son cheval. Le resanglage peut dès lors s'effectuer tranquillement au sol. Tout comme au manège ou dans l'enclos, le cheval doit avancer au pas pendant au moins dix minutes pour s'échauffer. Les rênes doivent être aussi longues que possible, mais elles doivent pouvoir être saisies à tout moment.

Le pas est préconisé sur les routes avec circulation et quand on croise des promeneurs, d'autres chevaux ou du bétail. Il est également indiqué sur les sols durs ou glissants. Pendant le dernier quart d'heure d'une courte randonnée, on repasse au pas avec les rênes longues.

Idées en tous genres

Les activités possibles dans la nature sont nombreuses.

Pendant la phase de pas, chaque cavalier peut proposer un exercice, par exemple prendre les deux rênes dans une seule main, lever un bras, se lever dans les étriers, chanter une chanson, poser la main droite sur le genou gauche. Choisir des activités permettant à tout moment de réagir à une réaction de peur du cheval est important. Toucher le pied gauche avec la main serait, par exemple, un exercice non approprié.

Exercices en randonnée

Après la phase d'échauffement, le groupe peut, par exemple, exécuter des voltes ou des serpentines. Ou alors le dernier cavalier ralentit son cheval jusqu'à l'arrêt, les autres poursuivent pendant quelques instants au pas ou au trot, puis le cavalier part au trot, dépasse le groupe et se place en tête. Ce petit jeu continue jusqu'à ce que le cavalier qui était en tête au début se retrouve à nouveau en tête du groupe.

◀ Si on a un rythme similaire, on peut chevaucher tranquillement côte à côte. Mais attention : même si l'on bavarde, on continue à se concentrer.

▼ Un cavalier attend tandis que le groupe s'éloigne. C'est un exercice utile, et pas seulement en cas d'urgence.

Autre possibilité : le premier cavalier exécute une demi-volte et se place en queue. Les autres cavaliers font tous de même jusqu'à ce que le premier récupère sa place initiale.

Parmi les autres exercices, citons : l'allongement de la foulée au pas ou au trot, et au galop pour les cavaliers et les chevaux expérimentés, le ralentissement pour passer du trot à l'arrêt ou du galop au pas, ainsi que les départs au trot et au galop.

En cas d'urgence

L'éloignement d'un seul membre du groupe peut également faire l'objet d'un exercice. Un cavalier attend patiemment sur place avec son poney pendant que le reste du groupe s'éloigne peu à peu. Dans les situations d'urgence, que le poney ait appris à surmonter son instinct grégaire pour se séparer du groupe est utile.

▼ Un cavalier dépasse les autres en trottant et se place en tête. Puis c'est au tour du dernier de faire de même. C'est un exercice amusant !

L'allure principale du Konik est le pas. Le galop, assez rare, n'est pratiqué que pour jouer ou à l'occasion de disputes.

Le cavalier est décontracté et sa monture réagit elle aussi avec enthousiasme.

Trot et galop

Au trot, tu peux parcourir de grandes distances, s'il s'agit d'un trot enlevé. Comme on a tendance à trotter sur le pied le plus « agréable », il faut constamment changer de pied, donc rester assis deux temps de suite. Sinon, le postérieur le plus faible du poney ou du cheval restera faible.

Au trot, change également de rythme. Tu peux pratiquer un trot régulier, mais tu peux aussi laisser le poney accélérer. En randonnée, le trot moyen est une allure très stimulante.

Se mettre en suspension

Le galop se pratique en randonnée. Les courtes montées peuvent être l'occasion d'exercer au galop des poneys capables de trotter rapidement. Les galops prolongés en terrain plat sont à proscrire au début. Naturellement, certains chemins se prêtent particulièrement bien au galop. Mais là aussi, pratique régulièrement le pas, afin que le poney ne soit pas programmé à partir au galop dès qu'il voit le chemin en question. Ne galope jamais sur les derniers mètres te séparant du box ou du pré. L'instinct grégaire reste fort en toute occasion et le poney pourrait très bien ne plus se contrôler.

C'est sur une légère pente ascendante que tu peux réguler le plus facilement un galop. En randonnée, le galop se pratique aussi en suspension. Soulève ton fessier de la selle en appuyant les mains de chaque côté du bord supérieur de l'encolure. Avec les chevaux au tempérament fougueux, conserve le contact avec la selle et transfère le poids plus en avant sur les mains entourant le bord supérieur de l'encolure. La suspension est une position agréable, qui peut, quand elle est bien acquise, être tenue pendant un quart d'heure.

◀ Le galop en côte est un super entraînement pour l'arrière-main. Le poney est alors fortement sollicité.

▲ Le galop en groupe n'est possible qu'entre cavaliers et chevaux expérimentés. On peut observer ici que certaines montures sont prêtes à se donner à fond.

Pas de galop pour un cheval qui s'emballe

Si un cheval est impétueux ou très craintif, il risque d'accélérer vivement sans crier gare au cours d'un galop et d'oublier complètement le cavalier en selle. Cela est très dangereux. Les chevaux qui ont tendance à s'emballer doivent être interdits de galop en randonnée pendant quelques mois.

Quand le cheval est trop rapide, assieds-toi profondément en selle, raccourcis les rênes et saisis d'une main la crinière ou la selle pour lui demander, avec l'autre main, d'effectuer régulièrement des ralentissements. Une longe d'équilibre autour de l'encolure peut également calmer les chevaux impétueux.

Souvent, l'assiette doit être modifiée et rechercher les causes du problème est nécessaire. Le cheval souffre-t-il au point de perdre la tête ? Est-il mal chevauché ou peu réceptif ? La selle est-elle bien installée ?

▶ **Conseil :** Pour en savoir plus sur la vérification de la selle et le trot, reporte-toi aux pages 63 et 96.

Pas de panique !

Quand un poney s'emballe, le plus important est que le cavalier ne panique pas. Il respire calmement, saisit la crinière d'une main et de l'autre il raccourcit les rênes tout en restant bien assis dans la selle. Il exécute des demi-arrêts, mais en aucun cas il ne doit s'accrocher aux rênes pour les tirer violemment.

La jument franchit un fossé à sec. Son poulain apprend à connaître les obstacles et la suit sans peur.

Un entraînement complet inclut le franchissement d'obstacles naturels. Ici, un muret.

Obstacles en randonnée

À la campagne, tu trouves aussi des collines et des escarpements où tu peux galoper et des fossés, ou des souches d'arbres, qui permettent de réaliser des petits sauts.

En montant une côte, en suspension, transfère ton point d'équilibre vers l'avant, tout comme le cheval. En descendant la pente, penche-toi légèrement en avant. Par contre, il n'en va pas de même pour le saut en pente. Dans la position dite de sécurité, tiens le buste droit et entoure fermement le cheval vers l'avant de tes cuisses. Ton poids est transféré sur les étriers pour qu'à la réception le cheval ne reçoive pas tout le poids sur le dos.

Penser à ce qu'il y a devant

Au début, choisis un poney ou un cheval sûr et expérimenté. Tout comme pour le galop en extérieur, sois en suspension pour le saut de petits obstacles. Donne au poney une liberté

Ce cheval saute volontiers et a déjà remporté des prix dans des concours de saut. On le voit ici en pleine action.

▼ « Qu'est-ce que c'est ? Que dois-je faire ? Cet obstacle n'est pas là, d'habitude ? »

▲ Ne parvenant pas à évaluer d'emblée la hauteur de l'obstacle, par sécurité, ce cheval produit un saut trop ample. La cavalière a des difficultés à accompagner le mouvement.

▲ Cette cavalière saute au-dessus de deux cavalettis et change de main entre deux. Belle dynamique !

▲ Cavalier et monture sont concentrés sur le saut. Quelle est la hauteur de l'obstacle ?

de bride lui permettant d'utiliser son encolure comme balancier pendant le saut. En sautant, pense toujours à ce qu'il y a devant. Regarde entre les oreilles du cheval pour bien évaluer la trajectoire.

À la chasse !

Certains clubs équestres proposent en automne des randonnées sous forme de chasses à courre. Les occasions de saut au-dessus d'obstacles naturels sont alors nombreuses, aussi bien au trot qu'au galop. Souvent, deux groupes sont créés. Dans le premier sont regroupés les « pros » de ce type d'activité et dans l'autre les néophytes.

Rallyes équestres

Certaines associations équestres organisent aussi des rallyes pleins de fantaisie et de surprises. Ces rallyes sont organisés dans des endroits très divers et permettent des activités en tous genres.

Entraînement au cavaletti

Le saut de cavaletti est un excellent exercice pour les jeunes cavaliers. Voltes, demi-tours, serpentines et huit : les possibilités de figures sont nombreuses. Certains cavaliers adorent sauter au-dessus des cavaletti. C'est un plaisir dont ils ne se lassent pas.

◀ Une petite trempette est toujours agréable. Quand ils sont gênés par les insectes ou quand la chaleur est trop forte, les chevaux aiment se baigner.

▼ Sortir de l'eau en trottant ou en galopant est toujours un plaisir, même si les vêtements dégoulinent.

Tous à l'eau !

Beaucoup de poneys hésitent avant de pénétrer dans l'eau. Ils ne connaissent pas la profondeur et la nature du fond sur lequel ils doivent marcher. Avant de pénétrer dans l'eau, le poney doit avoir appris à marcher sur différents types de sol, comme des bâches en plastique.

Les poneys se baigneront plus volontiers par une journée ensoleillée que par temps frais. Tout comme le cavalier ne doit pas être trop habillé, le cheval ne doit pas porter un équipement excessif.

Directement dans l'eau froide !

Certains poneys suivent les personnes dans l'eau. D'autres préfèrent suivre un autre poney.

Pour commencer, conduis le poney réticent jusqu'au bord de l'eau et laisse-le renifler ou boire. S'il est trop anxieux, une deuxième personne peut de derrière l'inciter à avancer avec la voix ou un petit coup de badine. Au bord de l'eau, le poney doit pouvoir observer un des siens pénétrer dans l'eau. Cela le rassurera peut-être. Pour finir, soit il est invité à suivre le poney entré dans l'eau, soit il avance dans l'eau avec un cavalier en selle.

Suivez le cheval de tête !

Quand un de mes chevaux doit se familiariser avec une nouvelle situation, nous utilisons toujours un cheval expérimenté qui lui servira de guide. De cette façon, les jeunes chevaux apprennent, par exemple, à entrer dans l'eau sans stress ou à franchir des obstacles.

▸ Guider un cheval sur une bâche en plastique est un bon exercice pour l'amener ensuite à pénétrer pour la première fois dans l'eau.

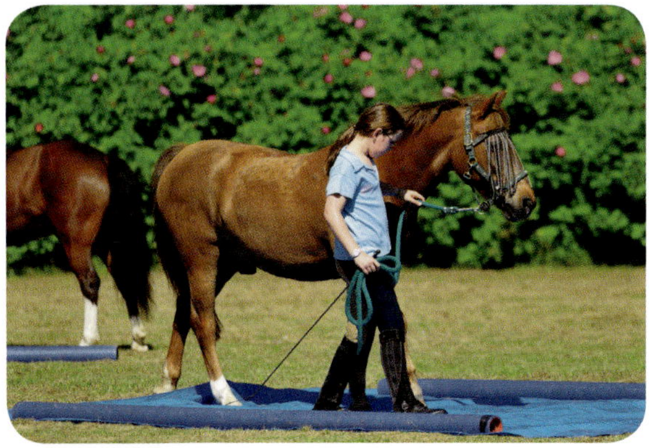

◂ Voici un autre exercice servant à améliorer le sang-froid du cheval : passer à travers des bâches tendues.

▲ Ce cheval boit tranquillement l'eau de la rivière. Il se sent en sécurité.

Plaisirs aquatiques

Selon le lieu qui a été choisi pour faire trempette, tu peux parcourir de longues distances au trot dans une eau peu profonde ou, quand le courant n'est pas trop fort, pénétrer plus profondément dans l'eau et nager.

Comment nager avec un cheval ? Soit tu restes sur la selle en t'accrochant à la crinière, soit tu accompagnes le cheval en te plaçant à côté. Dans ce cas, accroche-toi à la crinière et laisse-toi tirer. Attention : les pieds avant et arrière ont des mouvements amples quand le cheval nage. Tu dois réagir rapidement si le poney reste immobile dans l'eau. Il risque de se laisser tomber dans l'eau.

De nombreux chevaux et poneys aiment sortir de l'eau au trot ou au galop. Tu dois alors être très prudent.

Attention aux enrênements

Quand on fixe des martingales, les antérieurs du poney peuvent se retrouver coincés. Libère tous les enrênements. Avant d'entrer dans l'eau, libère également les boucles de la bride.

La peur de l'eau

Quand nous avons eu mon poney, il ne pénétrait jamais dans l'eau. Un jour, ma sœur est allée se promener avec lui. Il faisait très chaud. Les autres cavaliers du groupe ont fait une pause au bord d'une rivière et sont allés dans l'eau avec leurs poneys. Au début, le mien s'est contenté de boire, mais petit à petit il s'est avancé dans l'eau. Aujourd'hui, il adore se baigner avec d'autres poneys.

◀ Pour ne pas avoir à porter sa lourde tête quand il est fatigué, le poulain repose son menton sur l'herbe. Les chevaux appuient souvent leur tête, notamment sur l'épaule des cavaliers.

▲ Le cheval doit boire après une promenade éprouvante, mais pas tout le seau en une seule fois, pour prévenir tout danger de colique.

Un repos bien mérité

Un temps de repos est souhaitable, avant et après une séance d'équitation. Un poney ne se laisse pas monter comme un vélo !

Même si tu es pressé, le cheval doit pouvoir se reposer après une randonnée, une leçon ou une série d'exercices. C'est l'occasion de profiter d'un peu de calme et de le remercier pour son comportement docile. Depuis des siècles, le cheval est le meilleur compagnon de l'homme.

Soins en tous genres

Le bridon et la selle doivent être nettoyés et enlevés. Les sabots doivent être soigneusement curés. Les petites taches à la surface du sabot peuvent entraîner des empreintes durables, des abcès, voire une claudication.

Passe la paume de la main sur les jambes et le dos du cheval pour rechercher des endroits chauds, des petites enflures ou blessures. Les points chauds ou les enflures aux jambes peuvent signaler de futures inflammations. Les enflures au niveau de la selle apparaissent souvent quand la selle n'a pas été correctement installée ou quand le tapis de selle a glissé.

En liberté avec des amis

Un cheval ne doit pas passer plus de dix heures d'affilée au box. Il doit pouvoir régulièrement se promener librement avec d'autres poneys ou chevaux. Il a besoin de liberté et de compagnie pour être en bonne santé et se sentir bien.

Examine le dos de ta monture, surtout au niveau de la selle, ainsi que les jambes, à la recherche de points chauds et d'enflures. C'est un aspect important des soins.

Après une chevauchée ou des exercices, les sabots doivent être examinés et débarrassés des petits cailloux qui y restent coincés, avant d'être grattés.

Arrosage, massage et couvertures chaudes

En été, emmène au pré une bouteille en plastique avec de l'eau vinaigrée à laquelle tu as ajouté un peu d'huile essentielle, pour éponger le poney après une séance d'équitation. Rafraîchis ses jambes et son tronc au tuyau d'arrosage. Tu peux aussi éponger le cheval aux endroits où il a transpiré.

En hiver, recouvre le poney d'une couverture dès la fin des exercices. Ainsi les muscles réchauffés ne se refroidissent pas trop rapidement. Après une randonnée, le poney doit boire, mais pas trop à la fois, pour ne pas attraper de colique. Pour commencer, un demi-seau d'eau suffit. Un bon massage n'est pas un luxe. Cela prend un peu de temps.

Après les soins, le cheval a besoin de passer du temps libre avec ses amis, de bouger et de se nourrir. Ce n'est qu'alors que le cavalier est libéré de ses obligations.

Conseil : Pour en savoir plus sur les soins, va à la page 24.

Tout est bien qui finit bien !

C'est tout un art de finir une séance d'équitation dans un climat propice. L'idéal est de t'arrêter sur une bonne impression et de « remercier » ta monture en la dessellant. Si un nouvel exercice n'a pas bien fonctionné, fais-le suivre d'une action réussie. C'est important pour votre satisfaction mutuelle.

Index

Remerciements

Je tiens à remercier chaleureusement tous ceux qui ont contribué à la réussite de ce livre.

- En premier lieu les enfants et les poneys qui ont toujours fait preuve de patience et de concentration, conscients de leur responsabilité.
- Ingrid, Greta, Ruth et Philippa Klimke pour leur collaboration active, leur bonne humeur et leur patience.
- Les parents des enfants, pour leur aide et le temps passé aux transports.
- Jan Clausen, qui tôt le matin préparait l'équipage et n'oubliait jamais rien dans l'équipement.
- Werner Unruh et ses deux juments Haflinger.
- Christian Meyer et Sönke Thede, qui entretenaient les parcours de Bergenhusen et de Wohlde.
- Le centre équestre de Wohlde, qui a nous permis d'utiliser son terrain.
- Monsieur et madame Vierling, qui m'ont donné accès au Geltinger Birk afin que Horst puisse photographier les chevaux sauvages.
- Les sociétés Margarete Ostheimer, Playmobil Geobra Brandstätter, Primavera Diddl-Paradies et Schleich pour les autorisations d'impression des figures.
- Alexander Nuißl pour la formidable mise en pages et Ina Lutterbüse des éditions Kosmos.
- Mille mercis pour le remarquable travail de notre photographe Horst Streitferdt, qui a su si bien mettre en valeur les enfants et leurs montures. Le travail sur la lumière et le respect des sujets sont parfaits.
- Mille mercis également à ma relectrice Gudrun Braun, dont les idées m'ont été d'une grande aide et sans laquelle ce livre ne serait pas ce qu'il est.
- Mon époux Andreas, qui a accompagné Horst et qui m'a soutenue tout au long de la rédaction de ce livre.

Crédits

Avec des photos de Horst Streitferdt / Kosmos, 2 photographies de Gudrun Braun (page 17 au milieu, 112 en haut à droite).
Avec des illustations d'Esther von Hacht.

Exclusion de responsabilité
Les indications données dans ce livre sont fournies en toute honnêteté. Nous vous prions toutefois d'agir avec prudence. L'auteur et l'éditeur déclinent toute responsabilité pour les dommages causés aux personnes ou aux biens, qui auraient été occasionnés à la suite de l'utilisation des matériels et méthodes décrits.

Titre de l'édition allemande originale : *Mein großes Buch vom Reiten lernen* (Ute Ochsenbauer)

Cette édition par Chantecler, Belgique-France
Traduction française : Francis Grembert
Imprimé en Belgique.

D-MMXI-0001-443